सन् 1919 की एक बात

मण्टो अब तक-6

सन् 1919 की एक बात

सआदत हसन मण्टो

सम्पादन

मुशर्रफ़ आलम ज़ौक़ी

वाणी प्रकाशन

वाणी प्रकाशन

4695, 21-ए, दरियागंज, नयी दिल्ली 110 002

फ़ोन : +91 11 23273167 फ़ैक्स : +91 11 23275710

शाखाएँ

अशोक राजपथ, पटना 800 004, बिहार

कॉफ़ी हाउस कैम्पस, महात्मा गांधी मार्ग, इलाहाबाद 211 001, उत्तर प्रदेश

महात्मा गांधी अन्तरराष्ट्रीय हिन्दी विश्वविद्यालय, वर्धा 442 001, महाराष्ट्र

www.vaniprakashan.in
marketing@vaniprakashan.in
sales@vaniprakashan.in

SAN 1919 KI EK BAAT
by Saadat Hasan Manto
Edited by Musharraf Aalam Zauqi

ISBN : 978-81-8143-874-4
Collection of Short Stories

संस्करण 2008
आवृत्ति 2018

मूल्य : ₹ 250

एम.एस. प्रिंटर्स, दिल्ली-110 095 में मुद्रित

वाणी प्रकाशन का लोगो मक़बूल फ़िदा हुसेन की कूची से

अनुक्रम

जेब-कफ़न

नोट: इस बार का सम्पादकीय स्वयं मंटो की तरफ़ से है। मंटो के इस संपादकीय में उर्दू शब्दों का इस्तेमाल कुछ इतनी ख़ूबसूरती से हुआ है कि इसे बदलने या अनुवाद करने से पढ़ने का मज़ा जाता रहता। इसलिए कोशिश की गई कि पाठक असल का मज़ा ले सकें।

- ज़ौक़ी

फ़रिग़ मुझे न जान कि मानिन्दे सुब्हे-मेह्र
है दाग़े-इश्क़ ज़ीनते-जेबे-कफ़न हनूज़
(ग़ालिब)

जी चाहता है आज आपसे– अपनी तहरीरें पढ़ने वालों से तमाम "मुक़दमाई और दीबाचाई" तकल्लुफ़ात बरतरफ़ रख के बातें करूं। यों तो मेरे अफ़सानों, ड्रामों और नीम अफ़सानवी मज़मूनों में भी अकसर ऐसी बातें होती हैं जिनका ताल्लुक़ बराहेरास्त मेरे दिलो-दिमाग़ के उस ख़ाने से होता है जो आम तौर पर इंसान की अपनी ज़ात के लिए मख़सूस होता है, लेकिन उनपर चौखटा चूंकि अफ़साने का होता है इसलिए आप उन्हें इसी शक्ल में देखते रहे हैं।

आज मेरा दिल उदास है। एक अजीब कैफ़ियत छाई हुई है, चार, साढ़े चार बरस पहले जब मैंने अपने दूसरे वतन बम्बई को छोड़ा था तो मेरा दिल इस तरह दुखी था। मुझे वो जगह छोड़ने का सदमा था जहां मैंने अपनी ज़िन्दगी के बड़े पुर मुशक़्क़त दिन गुज़ारे थे। इस ज़मीन ने मुझ ऐसे आवारा और ख़ानदान के धुतकारे हुए इंसान को अपने दामन में जगह दी थी। उसने

मुझ से कहा था, तुम यहां दो पैसे रोज़ाना पर भी खुश रह सकते हो और दस हज़ार रोज़ाना पर भी। अगर तुम चाहो तो दोनों सूरतों में दुनिया के 'मग़मूम तरीन' इंसान की ज़िन्दगी बसर कर सकते हो। यहां तुम जो चाहो करो, तुम्हारी ऐब जूई कोई नहीं करेगा। यहां तुम्हें कोई नासेह भी नहीं मिलेगा। हर कठिन काम तुम्हें खुद करना होगा। अपनी ज़िन्दगी का हर अहम फैसला तुम्हें खुद ही करना पड़ेगा। तुम फुटपाथ पर रहो या किसी आलीशान महल में, उससे मुझे कोई सरोकार नहीं। तुम जाओ या रहो, मुझे उससे कोई फ़र्क़ महसूस नहीं होगा। मैं जहां हूं, मौजूद हूं और मौजूद रहूंगी। यहां बारह बरस रहने के बाद जो कुछ मैंने सीखा, ये उसी कारण है कि मैं यहां पाकिस्तान में मौजूद हूं। यहां से कहीं और चला गया तो वहां भी मौजूद रहूंगा। मैं चलता फिरता बम्बई हूं। जहां भी क़याम करूंगा, वहीं मेरा अपना जहान आबाद हो जाएगा।

बम्बई छोड़ने के बाद मैं उदास था। मेरे वहां दोस्त थे। जिनकी दोस्ती पर मुझे नाज है। वहां मेरी शादी हुई। वहीं मेरा पहला बच्चा हुआ। दूसरे ने भी अपनी ज़िन्दगी का पहला दिन वहीं शुरू किया। मैंने वहां चन्द रूपयों से लेकर हज़ारों और लाखों तक कमाए और ख़र्च किए। मुझे उससे मुहब्बत थी, और आज भी है।

मुल्क के बटवारे से जो इंक़लाब बरपा हुआ, उससे मैं एक अर्से तक बाग़ी रहा और अब भी हूं। लेकिन बाद में उस ख़ौफ़नाक हक़ीक़त को मैंने तसलीम कर लिया मगर इस तरह कि मायूसी को मैंने अपने पास तक न आने दिया।

मैंने उस ख़ून के समुन्द्र में ग़ोता लगाया जो इंसान ने इंसान की रगों से बहाया था और चन्द मोती चुन कर लाया, अर्क़ इनफ़ुआल के, मुशक़्क़त के जो उसने अपने भाई के ख़ून का आख़री क़तरा, बहाने में सर्फ़ की थी। उन आंसुओं के जो इस झुंझलाहट में कुछ इंसानों की आंखों से निकले थे कि वो अपनी इंसानियत क्यों ख़त्म नहीं कर सके... ये मोती मैंने अपनी किताब "स्याह हाशिये" में पेश किए।

मैं इंसान हूं, वही इंसान जिसने इंसानियत की अस्मतदरी की थी। जिसने फ़ना का बादा-ए-हरजाम बनाया था। जिसने दूसरी अजनास की तरह इंसान के गोश्त-पोस्त को दुकानों में सजा-सजा कर बेचा था। मैं वहीं इंसान हूं जिसने पैगम्बरी का रुत्बा हासिल किया और मैं वहीं इंसान हूं जिसने पैग़म्बरों के ख़ून से अपने हाथ रंगे हैं जो दूसरे इंसानों में हैं। यक़ीन

मानिए कि मुझे उस वक़्त दुख हुआ। बहुत दुख हुआ। जब मेरे चंद हम अस्रों ने मेरी इस कोशिश का मज़ाक़ उड़ाया। मुझे लतीफ़ा बाज़, सनकी, नामाकूल और रजअत पसंद कहा गया। मेरे एक अजीज़ दोस्त ने तो यहां तक कहा कि मैंने लाशों की जेबों में से सिगरेट के टुकड़े, अंगूठियां और इसी क़िस्म की दूसरी चीज़ें निकाल-निकाल कर जमा की है। उस अज़ीज़ ने मेरे नाम एक खुली चिट्ठी भी छापी जो वो बड़ी आसानी से मुझे ख़ुद दे सकते थे। इसमें भी उन्होंने 'स्याह हाशिये' की तज़हीक़ में खुले तौर पर क़लमकारी की।

मुझे गुस्सा था। इसका नहीं कि 'अ' ने मुझे क्यों ग़लत समझा। मुझे गुस्सा था, इस बात का कि 'अ' ने महज़ फ़ैशन के तौर पर एक सक़ीमो-अक़ीम तहरीक की उंगली पकड़ कर बैरूनी सियासत के मसनूई अब्रू के इशारे पर मेरी नीयत पर शक किया और मुझे इस कसौटी पर परखा जिस पर सिर्फ "सुर्ख़ी" ही सोना थी।

मुझे गुस्सा था कि इन लोगों को क्या हो गया है। ये कैसे तरक़्क़ीपसंद हैं, "जो तनज़्ज़ुल" की तरफ जाते हैं। उनकी सुर्खी कैसी है जो स्याही की तरफ़ दौड़ती है। ये उनकी मज़दूर दोस्ती क्या है। जो मज़दूर को पसीना बहाने से पहले ही मज़दूरी के मुतालबे पर उकसा रही है। ये उनके सरमाये के ख़िलाफ़ मेहनत की मबारज़त किस क़िस्म की है कि ये ख़ुद सर्माये से मुसल्लह होना चाहते हैं। और अपने महबूब हथियार दरांती और हथौड़ा अपने मुख़ालिफ़ों के हाथों में दे रहे हैं। ये उनके अदब में किस क़िस्म का इजतहाद है कि ग़ज़ल को मशीन और मशीन को ग़ज़ल बनाने के मंसूबे सोचे जा रहे हैं।

मुझे गुस्सा था उनके आए दिन के मंशूरों पर, उनकी लम्बी-लम्बी क़रारदादों पर, उनके मुख़्तलिफ़ बयानों पर जिनका मसाला रूस के क्रीमलन से बम्बई की खेतीबाड़ी में आता था। और वहां से मैकलोड रोड पहुंचता था। रूस के फुलां शायर ने यह कहा है। रूस के फुलां अफ़साना निगार का यह बयान है। रूस के फुलां दानिश्वर ने दानिशमंदाना बात कही है... मुझे गुस्सा आता था। ये लोग उस जगह की बात क्यों नहीं करते जिस पर कि ख़ुद सांस लेते हैं। अगर हमने दानिशवर पैदा करने बन्द कर दिये हैं तो इस बांझपन का इलाज क्या 'सुर्ख़ तख़्म रेज़ी' ही बाक़ी रह गया है।

मुझे गुस्सा था इसलिए कि मेरी बात कोई भी नहीं सुनता था। तक़सीमे मुल्क के बाद मुल्क में अफ़रा-तफ़री का आलम था। जिस तरह लोग

मकान और मिलें अलाट करवा रहे थे, उसी तरह वो बुलन्द मुक़ामों पर भी क़ब्ज़ा करने की जद्दोजेहद में मसरूफ़ थे। कोई एक लम्हे के लिए भी नहीं सोचता था कि इतने बड़े इंकलाब के बाद हालात वो नहीं रहेंगे जो पहले थे। पुरानी पगडंडियां बड़ी सड़कें बनेगी या उनका वजूद ही मिट जायेगा, इसके मुतल्लिक़ उस वक़्त कुछ भी नहीं कहा जा सकता था। ग़ैर की हुकूमत और अपनों की हुकूमत में क्या फर्क़ होगा, इसके बारे में भी कोई क़यास आराई नहीं हो सकती थी। फ़िज़ा कैसी होगी, और उसमें ख़यालातो-एहसासात की सही नश्वो-नुमा क्योंकर होगी। रियासत और हुकूमत से फ़र्द और जमाअत का रिश्ता कैसा होगा। ये ऐसी बातें थीं जिन पर इन्तेहाई ग़ौरो-फिक्र की ज़रूरत थी। ये काम ऐसा था, जिसमें हमें बाहरी नुस्ख़ों पर अमल नहीं करना चाहते थे। लेकिन हमें अफ़सोस है कि हमारे नाम निहाद दानिश्वरों ने बड़ी जल्दबाज़ी से काम लिया और अगुवाई के शौक़ में अपना नीमरस जौहर "पयाल" में डाल दिया जहां वो अद्म निगहदाश्त के बाइस गलने सड़ने लगा।

अदब के उन तरक़्क़ीपसंद ठेकेदारों ने पहले फैसला किया कि उनकी जमाअत का कोई सदस्य सरकारी पर्चे में काम करेगा न उसके लिए लिखेगा। मैंने उसकी मुख़ालफ़त की और उनको समझाया कि ये क़दम हर तरह से ग़लत है। ग़लत ही नहीं बल्कि मज़हकाख़ीज़ है।

इसलिए कि ये फैसला इस बात पर चुग़ली खाता था जो तरक़्क़ीपसंद लेखकों की जमाअत को अपने मेमबरों की ग़ैर साबित क़दमी के मुतल्लिक़ था या हो सकता था। इसके इलावा ऐसा फ़ैसला फ़रीक़े-मुख़ालिफ़ की तरफ से होना चाहिए था। लेकिन मैं उसे भी बेहूदा क़रार देता क्योंकि कोई भी सरकार सिर्फ वही चीज़ मुंतख़ब करेगी जो उसकी मंशा के मुताबिक़ हो।

हमारी सरकार ने भी चुनांचि यही मज़हकाख़ेज बात की, मगर कुछ देर के बाद जबकि तरक़्क़ीपसंद अपनी अद्म तआवुन की क़रारदाद का ढोल काफी ऊंचे सुरों में पीट चुके थे। रेडियो के नशरियात और सरकारी परचों के पन्ने तरक़्क़ीपसंदों के विचारों के लिए बन्द कर दिये गये। बाद में कुछ तरक़्क़ीपसंद "अमृतधारा एक्ट" के तेहत जेल में ठूंस दिए गए। हुकूमत हिमाक़त का दूसरा नाम है। इसलिए जो हिमाक़तें पै दर पे उससे तरक़्क़ीपसंदों को ख़ामोश करने में सरज़द हुईं, मैं उन पर तब्सरा करना नहीं चाहता।

मुझे अफ़सोस है कि अहमद नदीम क़ासमी और ज़हीर काश्मीरी वग़ैरह जो बड़े बे-ज़रर क़िस्म के इंसान है, जिनकी दिमाग़ी और जिस्मानी साख़्त लफ़्ज़ साज़िश के सही मायनों की मुतहम्मल नहीं हो सकती, बेकार जेल में डाले गये। एक को भाई बनाने का शौक़ है, दूसरे को बहन। मालूम नहीं दोनों के इस मासूम शग़ल में सयासी रद्‌देअमल की शरारत हुकूमत को कहां से नज़र आ गई।

ग़ुस्से में आकर, बग़ैर सोचे समझे, हुकूमत ने उन लोगों को जेल में डाल दिया। ऐसे नाई के सुपुर्द कर दिया गया जो उनका हुलिया बिगाड़ के रख देगा। कुछ देर के बाद जब ये रिहा होकर आएंगे तो कौन कह सकता है कि ये किस क़िस्म की मख़्लूक़ होंगे। ग़ाज़ी कहलाएंगे या शहीद। लीडर बन जाएंगे या बाज़ार में मजमा लगा कर दवाइयां बेचेंगे। शायरी या अफ़्सानानिगारी से तौबा कर लेंगे। या उस पर मर्द तस्मापा की तरह सवार हो जाएंगे। इसमें तज़हीक का कोई पहलू नहीं। अगर मुझे जेल में ठूंसा जाता तो मैं अपने मुतल्लिक़ भी यही कहता। बल्कि इस से कुछ ज़्यादा। इसलिए कि मैं बहुत 'ज़कीउलहिस' हूं।

हुकूमत और तरक़्क़ीपसंद मुसन्नफ़ीन की जमाअत, दोनों एहसास कमतरी का शिकार हुए। मुझे इसका अफ़सोस था और अब भी है। ज़्यादा अफ़्सोस तरक़्क़ीपसंदों का था। जिन्होंने ख़ाहमख़ाह सियासत के फट्टे में अपनी टांग अड़ाई। अदब और सियासत का जोशांदा तैयार करने वाले ये अताई क्रीमलन के तजवीज़ किए नुस्ख़े पर अमल कर रहे थे। मरीज़, जिसके लिए जोशांदा बनाया जा रहा था, उसका मिज़ाज कैसा है, उसकी नब्ज़ कैसी है, इसके मुतल्लिक़ किसी ने ग़ौर नहीं किया। नतीजा जो हुआ, वो आपके सामने है कि आज सब अदब के जमूद का रोना रो रहे हैं।

मेरा दिल आज बहुत उदास है कि वो पर्चे जो तरक़्क़ीपसंद लेखकों की जमाअत के नुमाइन्दे थे, उन्हें अपने नाखुदाओं के साथ कई उल्टी सीधी ज़क़न्दें लगाना पड़ीं और आख़िर में अपने तमाम मशवरों अपने तमाम बयानों और अपनी तमाम करारदादों को कागज़ों पर से खुरचना पड़ा। और उन अदीबों का दुबारा तआवुन हासिल करने के लिए कई तावीलें और कई माज़रतें पेश करना पड़ीं जिनको ये अपनी स्याह फेहरिस्त में दाख़िल कर चुके थे, और अपनी तरफ़ से हमेशा-हमेशा के लिए मलऊनो-मतऊन करार दे चुके थे।

मेरा दिल आज बहुत उदास है। जब में सरकार से अदम तआवुन का

फैसला करने वालों को अपने फैसले पर नज़रसानी करते देखता हूं। उन्होंने क्यों न सोचा कि इंसान की जद्दोजेहद के लम्बे दायरे में सब से अहम जद्दोजेहद पेट की है। हमारी हिम्मत मर्दाना यज़दां पर कमंड डाल सकती है। हमारे जुनून के दश्त में जिब्रील एक ज़बोंसैद हो सकता है। गो ये छुपी हुई हक़ीक़त नहीं कि हमें पेट की खातिर बाज़ अवक़ात किसी उल्लू के पट्ठे नवाब की मद्दाह सेराई भी करना पड़ती है। ये इंसान का बहुत बड़ा अल्मिया है। लेकिन ये अल्मिया ही इंसान का दूसरा नाम है।

मेरे दिल में अब सारा गुस्सा उदासी में तब्दील हो गया है। मैं बहुत मलूल और मग़मूम हूं। जो कुछ मैंने देखा है और जो कुछ मैं देख रहा हूं, उससे मेरी उदासी मुज़महिल होती जा रही हैं। मेरी मौजूदा ज़िन्दगी मसाइब से पुर है। दिन रात मुशक्क़त करने के बाद मुश्किल से इतना कमाता हूं जो मेरी रोज़मर्रा की ज़रूरियात के लिए पूरा हो सके। ये तकलीफ़देह एहसास हर वक़्त मुझे दीमक की तरह चाटता रहता है कि अगर आज मैंने आंखें मींच लीं तो मेरी बीवी और तीन कमसिन बच्चियों की देखभाल कौन करेगा। मैं फहश नवेस, दहशतपसंद, सनकी, लतीफ़ाबाज़ और रजअतपसंद सही लेकिन एक बीवी का ख़ाविन्द और तीन लड़कियों का बाप हूं– उनमें से अगर कोई बीमार हो मौज़ू और मुनासिब इलाज के लिए मुझे दर-दर की भीख मांगनी पड़े तो मुझे बहुत कोफ़्त होती है। मेरे दोस्त भी हैं जो मुझ से ज़्यादा मफ़्लूकुलहाल हैं। बरवक़्त अगर मैं उनकी मदद न कर सकूं तो मुझे तकलीफ़ होती है। दुनयावी मामलात में अगर मैं किसी का या अपना सर झुका हुआ देखूं तो खुदा की क़सम मुझे दुख होता है। लेकिन जब मैं सोचता हूं अगर मेरी मौत के बाद मेरी तहरीरों पर रेडियो और लाइब्रेरियों के दरवाज़े खोल दिये गये और मेरे अफ़सानों को वही रूत्बा दिया गया जो इक़बाल मरहूम के शेरों को दिया जा रहा है। तो मेरी रूह सख़्त बेचैन होगी। मैं इस बेचैनी के पेशेनज़र इस सुलूक से बेहद मुतमइन हूं जो अब तक मुझसे रवा रखा गया है। खुदा मुझे इस दीमक से महफूज़ रखे जो क़ब्र में मेरी सूखी हड्डियां चाटेगी।

मैं आज बहुत उदास हूं जब में अपने गिर्दो-पेश अदब इन्हतात पज़ीर है। नब्ज़ शनासों को यह कहते सुनता हूं कि अदब पर जमूद तारी हो गया है। अदब एक तातुल में गिरफ़्तार है। ये गुफ़्तार, इस्लाम ख़तरे में है, की गुफ़्तार लायानी से मिलती जुलती है। अदब काइमे-बिज़्ज़ात है, जिस तरह कि इस्लाम है। कुव्वत कभी इन्हितात पज़ीर नहीं होती। उस पर कभी जमूद

या तातुल तारी नहीं होता। एटम की कुव्वत उसके इंकिशाफ़ से भी पहले मौजूद थी और उसके इंकिशाफ़ के बाद भी मौजूद रहेगी। उसका ग़लत इस्तेमाल या उसके अद्म इस्तेमाल का यह मतलब नहीं होगा कि वो कमज़ोर हो गई है, जान बलब है या मर गई है।

अदब इसी कुव्वत, इसी तवानाई, इसी आबोताब से ज़िन्दा है। जिस तरह वो 'मंसा-ए-शहूद' पर आने से पहले ज़िन्दा था। इस पर जमूद और तातुल तारी होने का सवाल ही पैदा नहीं होता। ये हमारा अपना जमूद और तातुल है जिसे हम अदब के जमूद और तातुल से ताबीर करते हैं।

इस परेशानी या कमी का कारण हमें अदब में नहीं, खुद अपने मन-मस्तिष्क में ढूंढने चाहिए। और ये कोई मुश्किल काम नहीं। अदब के सीधे रास्ते से हटकर अगर हम इधर-उधर निकल जाएं तो ये नहीं कहना चाहिए कि रास्ता हमारे आगे से हट गया है।

सेयासत का अपना मुक़ाम अलग है। उस तक पहुंचने के लिए अदब का रास्ता इख़्तियार करना ग़लत है। इसी तरह अदब की सही मंज़िल तक पहुंचने के लिए सियासत के पेच दर पेच रास्तों पर गामज़न होना भी बड़ी ग़लती है।

सोवियत रूस के अदब का लाख ढिंढोरा पीटा जाए मगर ये हक़ीक़त है कि वो दोग़ली तहरीरें जो वहां लाखों टन काग़ज़ों पर छपती हैं, अदब नहीं हैं, हर्गिज़ नहीं हैं। अदब है या कोई और चीज़ है जिसका एक नमूना रूसी अदीबों की हालिया तहरीरों की शकल में पेश किया जा सकता है।

अदब पर किसी की अजारादारी हुई है, न होगी। ये कोई ऐसा काम नहीं जिसे ठीके पर देकर करा लिया जाये। "अदब पर जमूद तारी है" ये एक ढकोसला है। "इस्लाम ख़तरे में है" का नारा खड़ा करने वाले भी वही हैं जो आज से चन्द माह पेशतर मुम्टियों पर चढ़कर पुकारते रहे हैं, कि तरक़्क़ीपसंद मुसन्नफ़ीन ने तक़सीमे-हिन्द के बाद अदब की लाज रख ली है। ग़रीब मर रहा था मगर उन्होंने अपना ख़ून देकर उसे ज़िन्दा कर दिया है... हैरत होती है कि इतनी जल्दी उनके गिनती के चन्द अरकान के मुक़ैयद होने के फौरन बाद अदब की ज़िन्दगी फिर क्यों ख़तरे में पड़ गई।

मैं आज बहुत उदास हूं... पहले मुझे तरक़्क़ीपसंद तसलीम किया जाता था। बाद में मुझे एकदम रजअतपसंद बना दिया गया। ओह अब फ़तवे देने वाले सोच रहे हैं और फिर से ये तसलीम करने के लिए आमादा हो रहे हैं कि मैं तरक़्क़ीपसंद हूं। और फतवों पर अपने फ़तवे देने वाली सरकार

मुझे तरक़्क़ीपसंद यक़ीन करती है। यानी एक सुर्ख़ा... एक कम्युनिस्ट। कभी-कभी झुंझलाकर मुझ पर फ़हशनिगारी का इल्ज़ाम लगा देती है और मुक़दमा चला देती है। दूसरी तरफ़ यही सरकार अपनी मतबूआत में ये इश्तिहार देती है... कि सआदत हसन मंटो हमारे मुल्क का बहुत बड़ा अदीब और अफ़साना निगार है। जिसका कलम गुज़श्ता हंगामी दौर में भी रवां-दवां रहा... मेरा उदास दिल लरज़ता है कि मतलव्वन मिज़ाज सरकार खुश होकर एक तमग़ा मेरे कफ़न से टांक देगी जो मेरे दाग़े-इश्क की बहुत बड़ी तौहीन होगी।

सआदत हसन मंटो
28 अक्तूबर 1951

चोर

आसिफ़ ने कहा: "कामचोर नौकर तो क़रीब-क़रीब सभी होते हैं, मगर मुसीबत ये है इनमें से अकसर नियमित चोर होते हैं। और उसने अपने एक नये नौकर की दास्तान सुनाई जो बेहद मुस्तइद था। इतना मुस्तइद कि किसी समय आसिफ़ के आवाज़ न देने पर भी भागा-भागा आता था और उससे पूछता था: "क्यों साहब! आपने बुलाया मुझे।"

आसिफ़ ने मुस्कुराते हुए कहा: "मुझे नौकरों में इस क़दर फुरती, चालाकी और मुस्तइदी पसन्द नहीं। यही वजह है कि जब राजा साहब ने मुझ से कहा कि आसू तुम बहुत खुशक़िस्मत हो कि बैठे-बैठाये तुम्हें ऐसा नौकर मिल तो..."

राजा गुलाम अली ने बात काट कर कहा: "बख़ुदा मुझे मालूम नहीं था कि वो कमबख़्त चोर होगा।"

आसिफ़ राजा से मुख़ातिब हुआ: "मेरा अपना अंदाज़ा ये था कि वो या तो चोर है या पहुंचा हुआ वली। और वो कुछ भी नहीं हो सकता था... चुनांचि मैंने राजा साहब से कहा, क़िबला अगर आप उस नौकर को एक ऐसा दफ़ीना समझते हैं जो अल्लाह ताला की मेहरबानी से मुझे मिल गया है तो मैं आपकी दोस्ती की ख़ातिर क़ुर्बानी करने के लिए तैयार हों- आप बड़े शौक़ से ये सौग़ात अपने घर ले जा सकते हैं।

राजा ने कहा: "मैंने इनकार नहीं किया था।"

"दुरुस्त है!" आसिफ़ मुस्कुराया। ग़लती मेरी थी। अगर मैंने उस वक़्त वो नेमतेग़ैर मुतरक़्क़बा आपको सौंप दी होती तो जैसा कि आपको मालूम है मुझे चालीस रूपये और एक अदद रेलवे पास का दाग़ मफ़ारक़त बरदाश्त

न करना पड़ता।''

राजा हम से मुख़ातिब हुआ: ''आसिफ़ से ज़रा सारी दास्तान सुनो, काफ़ी दिलचस्प है।''

आसिफ़ ने कहा: ''माफ़ फ़रमाइये, मुझे ये दास्ताने ग़म सुनाते कोई फ़रहत हासिल नहीं होती। यह कहकर वो मुझ से मुख़ातिब हुआ: ''बात यह है मंटो... कि चुग़दपन असल में मैंने किया। वो बहुत चालाक था। इसमें कोई शक नहीं। लेकिन अपनी होशियारी पर मुझे काफ़ी एतिमाद था। सुबह सवेरे उठकर जब मैंने मेज की ट्रे देखी तो इसमें ख़िलाफ़े-मामूल मेरा रेलवे पास नहीं था। उसके खाने में दस-दस के चार नोट थे। ये भी ज़ाहिर है कि साथ ही ग़ायब थे। नौकर मेरी तवक़्क़ो के मुताबिक़ मौजूद था। चुनांचि मैंने इधर-उधर तलाश शुरू की। मेज़ के निचले दराज़ में पास रूपये के साथ फाइलों के नीचे मौजूद था। मैंने उसे वहीं रख दिया... ये तुम समझ सकते हो क्यों?''

मैंने सर हिलाया: ''बहुत अच्छी तरह।''

राजा मुस्कुराने लगा। आसिफ़ ने उसकी तरफ़ देखा: राजा साहब मुस्कुरा रहे हैं... इसलिए कि मैंने खुद को चुग़द साबित किया। लेकिन वाक़िया ये है...'' वो मुझ से मुख़ातिब हुआ ''बात यह हुई मंटो कि मैंने एक प्लान बनाया... यह तो साफ़ ज़ाहिर था कि उस नौकर ने जिसका नाम मोमिन था कि नियत से वो रूपये फाइलों के नीचे छुपाए थे। और नाश्ते से फ़ारिग़ होकर वो बड़े इत्मीनान से अपना काम करना चाहता था और मैं भी उसे बड़े इत्मीनान से रंगे हाथों पकड़ने का इरादा रखता था... प्लान यह था कि मैं हस्ब मामूल नहाने के लिए गुसलख़ाने में जाऊं और थोड़ा-सा दरवाज़ा खुला रखूं और देखता रहूं... गुसलख़ाने से इस कमरे पर जिसमें वो मेज़ पड़ा था, बड़ी आसानी से निगाह रखी जा सकती थी। यह प्लान इस क़दर वाज़ेह और मुकम्मल था कि मैंने दिल ही दिल में उस मर्दे मोमिन को गिरफ्तार कर के बाद में अपनी रिवायती गुनाह बख़्श तबीयत के कारण उसे छोड़ भी दिया था।''

राजा हंसा। आसिफ़ भी हंसा। ''हां तो मंटो मैं नहाने के लिए गुसलख़ाने में चला गया... दरवाज़ा प्लान के ऐन मुताबिक़ मैंने थोड़ा-सा खुला रखा... मगर नहाने में कुछ ऐसा मशग़ूल हुआ कि सब कुछ भूल गया... मालूम नहीं गुसलख़ाने में आदमी काम की बातें भूलकर क्यों ऐसी दुनिया में खो जाता है जहां सब कुछ होता है मगर कोई गुसलख़ाना नहीं होता।''

मैंने मुस्कुराकर कहा: "फ़िक़रा ख़ूबसूरत है, गो कुछ मायने नहीं रखता।"

आसिफ़ ने ज़रा तेज़ी से कहा: "क्यों मायने नहीं रखता– अगर गुसलख़ाने के बजाये मैं पेन्टरी में गया होता या दूसरे कमरे को मैंने अपना महाज़ बनाया होता तो यक़ीनन अपने उस ऑप्रेशन में कामयाब रहता– बख़ुदा मुझे तो उस दिन से नफ़रत हो गई है दुनिया के तमाम ग़ुसलख़ानों से।"

राजा मुस्कुराया: "आजकल आप ग़ुसल आफ़ताबी फ़रमाते हैं।"

आसिफ़ भी मुस्कुराया: "गुलाब आबी हो, आफ़ताबी या महताबी– मुझे सब से नफ़रत हो गई है। मैं तो उस दिन से 'तैयमुम' पर गुज़ारा कर रहा हूं– बाहर निकल कर कंघी करते हुए जब मुझे अपना प्लान याद आया तो दौड़कर दूसरे कमरे में गया– फाइलों के नीचे से पास ग़ायब था... ख़ुदा की क़सम मंटो मुझे उन चालीस रूपयों का अफ़सोस नहीं था। सदमा इस बात का था कि सारा प्लान ग़ुसलख़ाने की बदौलत ग़ारत हो गया और पास ज़ाया हो गया।"

ख़्वाजा ज़हीर जो इस वक़्त तक ख़ामोश था बोला: "आसिफ साहब ने उस रोज़ झुंझलाहट में टिकट के बिना सफ़र किया और घर लिए गये... वापसी पर आपका फिर इरादा था कि चार-पांच दोस्तों समेत इंतक़ाम लेने के लिए टिकट के बिना सफ़र करें मगर आपकी रिवायती दूर अंदेशी काम आ गई और इस ख़तरनाक इरादे से बाज़ रहे।"

राजा ने सिगरेट सुलगाया और अपने मोटे-मोटे गुदगुदे गालों पर हाथ फेर कर एक लम्बी दास्तान सुनाने के लिए ख़ुद को तैयार करते हुए कहना शुरू किया: "चोर नौकरों का ज़िक्र आया है तो मुझे एक दिलचस्प वाक़िया याद आ गया..."

मैंने उनकी बात काटी: "इत्तेफाक़ की बात है कि ये दिलचस्प वाक़िया आप इतनी बार इतने ग़ैर दिलचस्प तरीक़े पर बयान फरमा चुके हैं कि अब इस ग़रीब की सारी वक़ूइयत ख़त्म हो चुकी है... और दिलचस्पी भी..."

राजा के गाल थरथराए: "चलो हटाओ।"

ख़्वाजा ज़हीर ने मुझसे इजाज़त ली: "अगर आप इजाज़त दें तो मैं एक वाक़िया सुनाऊं–मुम्किन है आपको इसमें दिलचस्पी का कोई पहलू मिल जाए।"

ख़्वाजा ज़हीर आम तौर पर शैतान की आंत की तरह लम्बी होने वाली गुफ़्तुगू में हिस्सा नहीं लिया करता था और अपना वही तजुर्बा आपके सामने बयान में लाया करता था जो इस पर काफ़ी असरअंदाज़ हुआ हो। चुनांचि मैंने उस से कहा: "आप तकल्लुफ़ से काम न लें ख़्वाजा साहब-- बेतकल्लुफ़ इर्शाद फरमायें।"

ख़्वाजा ज़हीर ने क़दरे तकल्लुफ़ से कहना शुरू किया: "दस रूपये की चोरी बज़ाहिर बिल्कुल मामूली चोरी है- घर में आए दिन नौकर ऐसी चोरियों के मुरतकब होते रहते हैं। मैं दिल्ली में था... फ़तेहपुरी में मेरा मकान था... मेरा ख़्याल है बम्बई जाते हुए आप एक बार वहां ठहरे भी थे।"

मैंने जवाब दिया: "जी हां... जी हां, मैं अब उसकी तस्वीर अपनी आंखों के सामने ला सकता हूं... मगर वो तो... वो तो अच्छा-ख़ासा... मेरा मतलब है ईमानदार आदमी मालूम होता था।"

ख़्वाजा ज़हीर ने कहा: "मैं कुछ कह नहीं सकता... आप सारा वाक़िया सुन लीजिये, इससे आप यक़ीनन कोई न कोई नतीजा बरामद कर लेंगे... वाक़िया ये है... मेरी बीवी की आदत है कि जब मैं तंख़्वाह लाकर उसके हवाले करता हूं तो उसमें से कुछ रूपये निकाल कर किसी कपड़े के तह में रख देती है या किसी अलमारी के किसी कोने में छुपा देती है और भूल जाती है।"

राजा ने मुस्कुरा कर कहा: "आप तो ऐश करते होंगे?"

ख़्वाजा ज़हीर ने राजा से मुख़्तसरन "जी नहीं" कहा और मुझसे मुख़ातिब हुआ: "वो भूलती नहीं। दिल में फ़र्ज़ कर लेती है भूल गई है। उसको पसअंदाज़ करने का सिर्फ़ यही एक तरीक़ा आता है।"

आसिफ़ ने मेरी तरफ़ देखा: "मंटो! यों कहें ख़्वाजा साहब कि उनकी बेगम साहिबा पसअंदाज़ का तर्जुमा कर देती हैं।"

ख़्वाजा ज़हीर मुस्कुराया: "जी हां- कुछ ऐसा ही समझिए... तो क़िस्सा यह है कि एक दफ़ा उसने दस का एक नोट बुक शेल्फ़ के नीचे रख दिया और भूल गई।"

"अपने न भूलने वाले अंदाज़ में" आसिफ़ ने अपना सिगरेट सुलगाया और ज़हीर को पेश किया।

ज़हीर ने सिगरेट लेकर शुक्रिया अदा किया और वाक़िया की तफ़सील बयान करने लगा: "अपने न भूलने वाले अंदाज़ में वो दस रूपये के इस नोट को भूल चुकी थी- वो किस पोज़ीशन में पड़ा है, कब से पड़ा है, ये

उसको अच्छी तरह याद था। इसलिए जब वो ग़ायब हुआ तो उसने मुझसे इसके बारे में ज़िक्र किया।

आसिफ़ ने मज़ाक़ से पूछा: "क्या वो हर रोज़ सुबह उठकर कोने खद्रे देख लिया करती हैं जहां उन्होंने हस्ब तौफ़ीक़ कुछ न कुछ भूला होता है?"

ज़हीर ने जवाब दिया: हर रोज़ सुबह उठकर नहीं... लेकिन दिन में एक मर्तबा सरसरी तौर पर देख लिया करती हैं– चुनांचि जब उनको इस नोट की गुमशुदगी का इल्म हुआ तो सब से पहले उनको मुझ पर शुबह हुआ।"

राजा ने पूछा: "आप कभी-कभी खुद को यह धोखा देने के लिए कि अपने ऐसी चोरी की है जिसका इल्म आपकी बेगम साहिबा को हो... आप... आप खुद को यह धोखा..." राजा साहब ने फिकरे को सही और बामतलब करने की कोशिश की मगर नाकाम रहा। "मंटो... तुम समझ गये न मेरा मतलब?"

मेरे बजाये ख़्वाजा ज़हीर ने जवाब दिया: "ऐसी चोरियां कौन ख़ाविन्द नहीं करता... कभी-कभी ज़रूरत के समय इस जुर्म को करना ही पड़ता है... लेकिन इत्तेफाक़ की बात है कि इस मौक़ा पर उसका शुब्हा ग़लत था। मुझे ज़रूरत थी इसलिए कि एक दोस्त को सिनेमा ले जाना था लेकिन मैंने वो नोट उठाकर फिर इस ख़्याल से वहीं रख दिया था कि दो-तीन रोज़ के बाद उसकी शदीद ज़रूरत पड़ने वाली थी... मैंने चुनांचि अपनी बीवी को यक़ीन दिलाने की कोशिश की कि मुझे उस नोट की चोरी का कोई इल्म नहीं।"

राजा ने पूछा: "उनको यक़ीन आ गया?"

"जी नहीं।" आसिफ़ ने सिगरेट का एक लम्बा कश लिया। "वो बीवी ही नहीं जिसे ख़ाविन्द की बात पर यक़ीन आ जाये... लेकिन फिर भी मैंने अपनी सी कोशिश की और आख़िर में उसको यक़ीन दिलाने में कामयाब हो गया कि वो नोट मैंने नहीं चुराया था। अब ये सवाल पैदा हुआ कि चोरी अगर मैंने नहीं की तो किसने की थी क्योंकि ये तो तय था कि नोट खुद बखुद ग़ायब नहीं हुआ, चुराया गया है और दो और दो चार बनाने से ये भी मालूम हो गया था कि मेरे दफ़्तर जाने के बाद किसी ने इस पर हाथ साफ किया है। क्योंकि दफ्तर जाते हुए मैंने उसे चुराने का ख़्याल किया था और उसे किसी दूसरे वक़्त पर उठा दिया था।

राजा मुस्कुराया: "बुजुर्गों ने वो ठीक कहा है, आजका काम कल पर

न छोड़ो।

ख़्वाजा ज़हीर ने राजा की बात सुनी मगर बुज़ुर्गों के इस कहे के मतल्लिक़ अपने ख़्याल का इज़्हार न किया। "घर में दो नौकर थे, एक मुलाज़िम क़ादिर... दूसरा सादिक़... सादिक़ दो दिन से छुट्टी पर था। उसकी मां बीमार थी। बस एक गुलाम क़ादिर ही था जिस पर शक किया जा सकता था। मगर"... उसने बराहे रास्त मुझसे मुख़ातिब होकर कहा: "जैसा कि आपने अभी-अभी फरमाया था, वो अच्छा ख़ासा ईमानदार आदमी मालूम होता था... कुछ समझ में नहीं आता था कि हम अपने शक का इज़्हार कैसे करें... नौकरों को डांटने-डपटने, मारने-पीटने और मुलाज़मत से हटाने का काम मेरे ज़िम्मे है।"

राजा ने मज़ाक़ से कहा: "बड़ा अहम पोर्टफोलियो आपके ज़िम्मे है।"

"जी हां, बहुत अहम... लेकिन बड़ा नाज़ुक... वो मुलाज़िम खुद रखती हैं लेकिन हटाने का काम मुझसे कराती हैं।" यह कहकर ख़्वाजा ज़हीर मुस्कुराया।

राजा साहब के गाल भी मुस्कुराये: "जिसका काम उसी को साझे... कोई और करे तो खुदा मालूम क्या बाजे।

आसिफ़ ने कहा: "डंका"

"डंका ही होगा।" जल्दी से कहकर वो ख़्वाजा ज़हीर से मुख़ातिब हुआ। आप जल्दी अपना दास्तान ख़त्म कीजिये– मुझे अपनी डंका के साथ एक जगह जाना है।"

आसिफ़ बेतहाशा हंसा: "अपनी डंका के साथ?"

राजा के गाल बौखला गए: "आई एम सारी... अपनी बीवी के साथ।"

सब हंसने लगे थे। मैंने ख़्वाजा ज़हीर से कहा: "राजा साहब को अपनी बीवी के साथ जाना है इसलिए आप ये दास्तान जल्दी ख़त्म कर दीजिये ताकि ये रास्ते में उसे सुना सके।"

ख़्वाजा मुस्कुराया: "बहुत बेहतर... फिर थोड़ी देर रुककर उसने कहना शुरू किया। मामला बहुत टेढ़ा था। गुलाम क़ादिर को मुलाज़िम हुए सिर्फ़ एक महीना हुआ था। बड़ा ही इताअत गुज़ार क़िस्म का आदमी था। उन दिनों सख़्त गर्मियों के कारण बर्फ़ की बहुत क़िल्लत थी। मिलती थी तो आठ आने सेर मगर गुलाम क़ादिर दो आने की इतनी सारी ले आता था. .. सादिक़ को बहुत ताव आता था। जब मेरी बीवी उससे कहती कि देखो गुलाम क़ादिर कितना अच्छा है। तुम तो पहले दर्जे के चोर हो तो वो भिन्ना

जाता और उसे गालियां देता कि वो ये सब कुछ उसे निकलवाने के लिए करता है। जब पहली बार वो दो आने की बहुत ज़्यादा बर्फ़ लाया तो मैंने उससे पूछा कि इतनी सस्ती तुम कहां से ले आए तो उसने जवाब दिया कि साहब बर्फ़ वाला अपनी दुकान बढ़ा रहा था, जितनी बची थी सब की सब उसने मुझे दे दी।

जवाब माक़ूल था। लेकिन दूसरे दिन फिर दो आने की उतनी ही बर्फ लाया और क़रीब-क़रीब हर रोज़ लाता रहा क्योंकि मेरी बीवी ने अब सौदा आदि लाने का काम उसी के सुपुर्द कर दिया था। उसको मेरे लड़के से बहुत मुहब्बत थी। हर दूसरे-तीसरे दिन वो उसको चॉकलेट वग़ैरह ले देता था। दो-तीन बार वो मेरी बीवी के लिए चंगेर भर-भर के मोतिये के फूल भी लाया... उस पर चोरी का शक हो सकता था। लेकिन मुश्किल यह थी कि इसका इज़हार कैसे किया जाये और इसकी तसदीक़ क्यों कर हो... मैं तबीयत से बहुत नर्म हूं। लेकिन बीवी के लिए मुझे अकसर नौकरों को डांट-डपट करनी पड़ती है, जब चोरी का पता लगाने के लिए मुझे बार-बार उकसाया गया तो मैंने गुलाम क़ादिर से पूछ-गुछ का तहैया कर लिया।''

ख़्वाजा ने डिबिया से एक सिगरेट निकाला। राजा ने घड़ी में वक़्त देखा और कहा: ''अल्लाह बीवी से बचाये।''

ख़्वाजा ने सिगरेट सुलगाया: ''चुनांचि मैंने उसको अपने कमरे में बुलाया और कहा, देखो गुलाम क़ादिर वो दस रूपये का नोट जो तुमने बुक शेल्फ़ के नीचे से उठाया था, वापस कर दो।''

राजा ने कहा: ''यह तरीक़ा ख़ूब था।''

ख़्वाजा ज़हीर ने राजा की बात की तरफ ध्यान दिया: ''उसने किसी क़द्र घबरा कर जवाब दिया साहब कौन-सा दस रूपये का नोट- मुझे बिल्कुल मालूम नहीं... इस पर मैंने उसको डांटा। मगर वो फिर भी न क़बूला। जब मैंने महसूस किया कि मुझे शिकस्त हो रही है तो मैंने ज़ोर का थप्पड़ उसके मुंह पर मारा। ये उसकी तवक़्क़ो के ख़िलाफ़ था। एक दो सिकंड के लिए वो बिल्कुल मबहूत हो गया... मैंने एक और जड़ दिया और संगीन लहजे में उससे कहा, देखो गुलाम क़ादिर! तुमने अगर सच न बोला तो मैं पुलिस के हवाले कर दूंगा। उसने जवाब दिया: ''साहब मैंने चोरी नहीं की। आप मुझे पुलिस के हवाले कर दीजिए।'',

राजा ने अपनी राय का इज़हार किया: ''बड़ा पक्का चोर था।''

ख़्वाजा ज़हीर ने न में अपना सर हिलाया: ''जी नहीं... वो पक्का चोर

था न कच्चा... मैंने जब देखा कि मेरा वार ख़ाली गया है तो बड़ी परेशानी हुई। कुछ समझ में नहीं आया कि उससे क्या कहूं। मैंने आग़ाज़ ही इन्तेहा से किया था। अब क्या करता– दो बड़े ज़न्नाटे के थप्पड़ मैंने उसको मारे थे– वो बेगुनाह भी हो सकता था। मुझे बहुत अफ़सोस हुआ। चुनांचि मैंने सच्चे दिल से माफी मांगी। और कहा देखो गुलाम क़ादिर... मुझसे ज़्यादती हुई है, लेकिन बात यह है कि वो दस रूपये का नोट ग़ायब ज़रूर हुआ है। मैंने उठाया नहीं। तुम इंकार करते हो इसका यह मतलब हुआ कि या तो हम दोनों सच्चे हैं या दोनों झूठे... बेगम साहिबा तुम्हारा कहना मान लेंगी। लेकिन मुझ पर उनका शक बहुत मज़बूत हो जायेगा... मैं ख़ुदा की क़सम उठा कर कहता हूं कि मेरी नीयत थी वो नोट उठाने की... बल्कि मैंने उठाया भी था मगर फिर वहीं रख दिया था कि जब बहुत अशद ज़रूरत होगी तो ले लूंगा..."

मैं इस जज़्बाती रौ में कुछ और भी कहने वाला था कि गुलाम क़ादिर मज़बूत लहजे में बोला: "वो नोट मैंने उठाया था साहब... एक लहजे के लिए में चकरा गया।"

राजा ने कहा: "बात चकराने ही वाली थी।"

ख़्वाजा ज़हीर ने सिगरेट फ़र्श पर फेंक कर बूट के तले से बुझाया: "जी हां... मैंने गुलाम क़ादिर की तरफ़ देखा और हैरत से पूछा तुमने... तुमने ये चोरी क्यों की?"... गुलाम क़ादिर ने जवाब दिया... "क्या करता साहब... बेग़म साहिबा ने तंख़्वाह नहीं दी... कहती थीं कि मैं हमेशा नौकर की एक महीने की तंख़्वाह दबा कर रखा करती हूं ताकि वो भाग न जाये... और... और.. उसने रुक-रुक कर कहा... मुझे आदत है... मालिकों की ख़िदमत करने की... उनके सिवा मेरा कौन होता है... उसकी आंखों में आंसू आ गए... मैले झाड़न से उनको पोंछते हुए वो कमरे से चला गया।"

राजा ने पूछा: "फिर क्या हुआ?"

ख़्वाजा ज़हीर ने अफ़सोस भरे लहजे में कहा: "कुछ नहीं... वो घर ही से चला गया था।"

निक्की

तलाक़ लेने के बाद वो बिल्कुल निश्चित हो गई थी। अब वो हर रोज़ की दांता किल-किल और मार कुटाई नहीं थी। निक्की बड़े आराम और इत्मीनान से अपना गुज़र कर रही थी।

यह तलाक़ पूरे दस बरस के बाद हुई थी। निक्की का शौहर बहुत ज़ालिम था, परले दर्जे का निखट्टू और शराबी-कबाबी। भंग-चरस की भी लत थी। कई-कई दिन भंगड़ खानों और तकियों में पड़ा रहता था। एक लड़का हुआ था, वो पैदा होते ही मर गया। एक बरस के बाद एक लड़की हुई जो ज़िन्दा थी, और अब नौ बरस की थी।

निक्की से उसके शौहर गाम को अगर कोई दिलचस्पी थी तो सिर्फ़ इतनी कि वो उसको मार-पीट सकता था। जी भर के गालियां दे सकता था। तबीयत में आये तो कुछ अर्से के लिये घर से निकाल देता था। इसके अलावा निक्की से उसको और कोई सरोकार नहीं था। नहीं मेहनत मज़दूरी की जब थोड़ी-सी रक़म निक्की के पास जमा होती थी तो वो उससे ज़बरदस्ती छीन लेता था।

तलाक़ बहुत पहले हो चुकी थी, इसलिए कि मियां-बीवी के निबाह की कोई सूरत ही नहीं थी। यह सिर्फ़ गाम की ज़िद थी कि मामला इतनी देर लटका रहा। इसके इलांवा एक बात यह थी कि निक्की के आगे पीछे कोई भी न था। मां-बाप ने उसको डोली में डालकर गाम के सपुर्द किया और दो महीने के अन्दर-अन्दर राही मलिक की मौत हुई। जैसे उन्होंने सिर्फ इसी गर्ज़ के लिए मौत को रोक रखा था। उन्हें अपनी बेटी को एक लम्बी मौत के लिए गाम के हवाले करना था। बहुत दूर के दो-एक रिश्तादार रहे

होंगे। मगर निक्की से उनका कोई वास्ता नहीं था। उन्होंने ख़ुद को और ज़्यादा दूर कर लिया था।

गाम कैसा है यह निक्की के मां-बाप अच्छी तरह जानते थे। उनकी बेटी सारी उम्र रोती रहेगी यह भी उनको अच्छी तरह मालूम था, मगर उन्होंने अपनी ज़िन्दगी में एक फ़र्ज़ से सुबुकदोश होना था। और वो ऐसे सुबुकदोश हुए कि सारा बोझ निक्की के कमज़ोर कंधे पर डाल गये।

तलाक़ लेने से निक्की का यह मतलब नहीं था कि किसी शरीफ़ से निकाह करना चाहती थी, दूसरी शादी का उसको कभी ख़्याल तक भी नहीं आया था। तलाक़ होने के बाद वो क्या करेगी, क्या नहीं करेगी, इसके मुतल्लिक़ भी निक्की ने कभी नहीं सोचा था। असल में वो हर रोज़ की बक-बक और झक-झक से सिर्फ एक इत्मीनान का सांस लेना चाहती थी। इसके बाद जो होने वाला था उसको निक्की ख़ुशी से बरदाश्त करने के लिए तैयार थी।

लड़ाई का आग़ाज़ तो पहले रोज़ ही से हो गया थे। जब निक्की दुल्हन बनकर गाम के घर गई थी। लेकिन तलाक़ का सवाल उस वक़्त पैदा हुआ था जब वो गाम के सुधार के लिए दुआएं मांग-मांग कर आजिज़ आ गई थी और उसके हाथ अपनी या उसकी मौत के लिए उठने लगे थे। जब ये हैला भी बेअसर साबित हुआ तो उसने अपने शौहर की मिन्नतो-समाजत शुरू की कि वो उसे बख़्श दे और अलग कर दे, मगर क़ुदरत की सितमज़रीफ़ी देखिये कि दस बरस के बाद तकिये में एक अधेड़ उम्र की मीरासन से गाम की आंख लड़ी और एक दिन उसके कहने पर उसने निक्की को तलाक़ दे दी और बेटी पर भी अपना कोई हक़ न जताया। हालांकि निक्की को इस बात का हमेशा धड़का रहता था कि अगर उसका शौहर तलाक़ पर राज़ी भी हो गया तो वो बेटी कभी भी उसके हवाले नहीं करेगा- बहरहाल निक्की निश्चिंत हो गई और एक छोटी-सी कोठरी किराये पर ले कर चैन के दिन गुज़ारने लगी।

उसके दस बरस उदास ख़ामोशी में गुज़रे थे। दिल में हर रोज़ उसके बड़े-बड़े तूफ़ान जमा होते थे मगर वो ख़ाविन्द के सामने उफ्फ़ तक नहीं कर सकती थी। इसलिये कि उसे बचपन ही से ये तालीम मिली थी कि शौहर के सामने बोलना ऐसा गुनाह है जो कभी बख़्शा ही नहीं जाता। अब वो आज़ाद थी। इसलिए वो चाहती कि अपने दस बरस की भड़ास किसी न किसी तरह निकाले। चुनांचि हमसायों से उसकी अक्सर लड़ाई-भिड़ाई

होने लगी। मामूली तू-तू, मैं-मैं होती जो गालियों की जंग में तब्दील हो जाती। निक्की पहले जिस क़द्र ख़ामोश थी अब उसी क़द्र उसकी ज़बान चलती थी। मिन्टा-मिन्टी में वो अपने मद-मुक़ाबिल की सातों पीढ़ियां उकट कर रख देती थी। ऐसी-ऐसी गालियां और सठनियां देती कि हरीफ़ के छक्के छूट जाते।

आहिस्ता-आहिस्ता सारे मुहल्ले पर निक्की की धाक बैठ गई। यहां करोबारी क़िस्म के मर्द रहते थे। जो सुबह सवेरे उठ के काम पर निकल जाते और रात देर से घर लौटते। सारे दिन में औरतों में जो लड़ाई-झगड़ा होता, उससे वो मर्द बिल्कुल अलग-थलग रहते। उनमें से शायद किसी को पता भी नहीं था कि निक्की कौन है और महल्ले की सारी औरतें उससे क्यों दबती हैं।

चरख़ा कातकर, बच्चों के लिए गुड्डे-गुड़िया बना कर और इसी तरह के छोटे-मोटे काम कर के वो गुज़र-बसर के लिए कुछ न कुछ पैदा कर लेती थी। तलाक़ लिए उसे क़रीब-क़रीब एक बरस हो चला था। उसकी बेटी भोली अब ग्यारह के लगभग थी और बड़ी तेज़ी से जवान हो रही थी, निक्की को उसकी शादी ब्याह की बहुत फिकर थी। उसके अपने ज़ेवर थे जो एक-एक कर के गाम ने चट कर लिए थे। एक सिर्फ़ नाक की कील बाक़ी रह गई थी। वो भी घिस-घिसाकर आधी रह गई थी। उसे भोली का पूरा दहेज़ बनाना था, और इसके लिए काफ़ी रूपया दरकार था। तालीम थी, वो उसने अपनी ओर से ठीक दी थी। क़ुरान ख़त्म करा दिया था। मामूली हर्फ़े-शनासी कर लेती थी। खाना पकाना ख़ूब आता था। घर के दूसरे काम भी अचछी तरह जानती थी। चूंकि निक्की को अपनी ज़िन्दगी में बहुत तल्ख़ तजुर्बा हुआ था इसलिए उसने भोली को ख़ाविन्द का इताअत गुज़ार होने के लिए कभी इशारतन भी नहीं था। वो चाहती थी कि उसकी बेटी ससुराल में छपर खट पर बैठी राज करे।

मां के साथ जो कुछ बीता था, उस विपता का सारा हाल भोली को मालूम था। मगर हमसायों के साथ निक्की की लड़ाई होती थी तो वो पानी पी-पी कर उसे कोसती थीं और यह ताना देती थीं कि वो तलाक़ शुदा है जिसको ख़ाविन्द ने सिर्फ़ इसलिए अलग क्या था कि उस ग़रीब का नाक में दम कर रखा था। और बहुत-सी बातें अपनी मां के किर्दार के मुतल्लिक़ उसके सुनने में आती थीं। मगर वो ख़ामोश रहती थी। बड़े-बड़े मार्के की लड़ाइयां होतीं मगर वो कान समेटे अपने काम में लगी रहती।

जब सारे मुहल्ले पर निक्की की धाक बैठ गई तो कई औरतों ने मरऊब होकर उसके पास आना-जाना शुरू कर दिया। कई उसकी सहेलियां बन गईं। जब उनकी अपनी किसी पड़ोसन से लड़ाई होती तो निक्की उनका साथ देती और हर मुम्किन मदद करती। इसके बदले में उसको कभी कमीस के लिए कपड़ा मिल जाता था, कभी फल, कभी मिठाई और कभी-कभी भूली के लिए सूट भी सिलवा देता था। लेकिन जब निक्की ने देखा कि हर दूसरे तीसरे दिन उसे मुहल्ले की लड़ाई में शरीक होना पड़ता है और उसके काम काज का हरज़ होता है तो उसने पहले दबी ज़बान से फिर खुले लफ्ज़ों में अपना मुआवज़ा मांगना शुरू कर दिया। और आहिस्ता-आहिस्ता अपनी फ़ीस भी मुक़र्रर कर ली। मार्के की जंग हो तो पच्चीस रूपये। दिन ज़्यादा लगें तो चालीस। मामूली चख़ के सिर्फ़ चार रूपये और दो वक़्त का खाना। दर्मियाने दर्जे की लड़ाई के पन्द्रह रूपये- किसी की सिफ़ारिश हो तो कुछ रिआयत भी कर देती थी।

अब चूंकि उसने दूसरों की तरफ से लड़ना अपना पेशा बना लिया था, इसलिए महल्ले की तमाम औरतों और उनकी बहू-बेटियों की तमाम फ़ज़ीहते याद करने पड़ते थे। उनका तमाम हस्बो-नसब मालूम करके अपनी याद दाश्त में महफ़ूज़ करना पड़ता था। मिसाल के तौर पर उसको मालूम था कि ऊंची हवेली वाली सौदागर की बीवी जो अपनी नाक पर मक्खी नहीं बैठने देती, एक मोची की बेटी है उसका बाप शहर में लोगों के जूते गांठता फिरता था। और उसका ख़ाविन्द जो जनाब शेख़ साहब कहलाता है, मामूली कसाई था। उसके बाप पर एक रंडी मेहरबान हो गई थी। वो उसी के पेट से था और ये ऊंची हवेली उस तवाइफ़ ने अपने यार को बनवा कर दी थी।

किस लड़की का किसके साथ मआशक़ा है, कौन किसके साथ भाग गई, कौन कितने हमल गिरा चुकी है। उसका हिसाब सब निक्की को मालूम था। ये तमाम मालूमात हासिल करने में वो काफ़ी मेहनत करती थी। कुछ मसाला उसको अपने मुवक्किलों से मिल जाता था। उसे अपनी मालूमात के साथ मिलाकर वो ऐसे-ऐसे बम बनाती कि मद्दे-मुक़ाबिल के छक्के छूट जाते थे। होशियार वकीलों की तरह वो सबसे वज़नी ज़र्ब सिर्फ़ उसी वक़्त इस्तेमाल करती थी जब लोहा पूरी तरह सुर्ख़ होता। चुनांचि यह ज़र्ब सोलह आने फैसला कुन साबित होती थी।

जब वो अपने मुवक्किल के साथ किसी महाज पर जाती तो घर से

पूरी तरह कील-कांटे से लैस हो के जाती थी, ताने गालियों और सठनियों को चित्रित के लिए विभिन्न चीज़ें इस्तेमाल करती थी। मिसाल के तौर पर घिसा हुआ जूता। फटी हुई क़मीस, चिमटा-फूकनी इत्यादि, कोई ख़ास तश्बीह देनी हो या कोई ख़ासुलख़ास इशारा या कुनाया मतलूब हो तो वो इस ग़र्ज़ के लिए कारामद वस्तु घर ही से लेकर चलती थी।

कभी ऐसा भी होता कि आज वो जितने के लिए ख़ैरां से लड़ी है तो दो ढाई महीने के बाद उसी ख़ैरां से डबल फ़ीस लेकर उसे जनते से लड़ना पड़ता था। ऐसे मौक़ों पर वो घबराती नहीं थी। उसे अपने फ़न में इस क़द्र मुहारत हो गई थी और उसकी प्रेक्टिस में वो इतनी मुख़लिस थी कि अगर कोई फ़ीस देता तो वो अपनी भी धज्जियां बिखेर देती।

निक्की अब आत्म-निर्भर थी। हर महीने उसे अब इतनी आमदनी होने लगी थी कि उसने बस अंदाज़ करके अपनी बेटी भोली का दहेज बनाना शुरू कर दिया था। थोड़े ही अर्से में इतने गहने-पाते और कपड़े-लत्ते हो गए थे कि वो किसी भी वक़्त अपनी बेटी को डोली में डाल सकती थी।

अपने मिलने वालियों से वो भोली के लिए कोई अच्छा सा बर तलाश करने की बात कई बार कर चुकी थी। शुरू-शुरू में तो उसको कोई जल्दी नहीं थी, मगर जब भोली सोलह बरस की हो गई लोठा की लोठा। क़द-काठ चूंकि अच्छी थी। इसलिए चौदवहीं बरस में पूरी जवान औरत बन गई थी। सतरहवीं में तो ऐसा लगता था कि वो उसकी छोटी बहन है। चुनांचि अब निक्की को दिन रात उसके ब्याह की फ़िक्र सताने लगी।

निक्की ने बड़ी दौड़-धूप की। कोई साफ़ इंकार तो नहीं करता था मगर दिल से हामी भी नहीं भरता था। उसने महसूस किया कि हो न हो लोग उससे डरते हैं। उसकी ये सिफ़त जो लड़ने के फ़न में अपना जवाब नहीं रखती थी, दरअसल उसके आड़े आ रही थी। बाज़ घरों में तो वो खुद ही सिलसिला जंबानी न करती कि किसी औरत का उसने कभी नातक़ा बन्द किया था। दिन पर दिन चढ़ते जा रहे थे। और घर में पहाड़ सी जवान बेटी कुंवारी बैठी थी।

निक्की को अपने पेशे से अब घिन आने लगी उसने सोचा कि ऐसा ज़लील काम क्यों उसने इख़्तियार किया। मगर वो क्या करती, महल्ले में आराम चैन की जगह पैदा करने के लिए उसे पड़ोसिनों का मुक़ाबला करना ही था। अगर वो न करती तो उसे दब कर रहना पड़ता। पहले ख़ाविन्द के जूते खाती थी, फिर उनकी पैज़ार की गुलामी करनी पड़ती। ये अजीब बात

थी कि बरसों दबे रहने के बाद जब उसने अपना झुका हुआ सर उठाया और मुख़ालिफ़ कूवतों का मुक़ाबला कर के उनको शिकस्त दी, ये कूवतें झुक कर उसकी इमदाद की तालिब हुईं कि दूसरी कूवतों को शिकस्त दीं, और उसको इस इमदाद पर कुछ इस तरह राग़िब किया गया कि उसको चसका ही पड़ गया।

इसके मुतल्लिक़ वो सोचती तो उसका दिल न मानता था क्योंकि उसने सिर्फ़ भोली की ख़ातिर इस पेशे को जिसे अब लोग ज़लील समझने लगे थे, इख़्तियार किया था। यह भी कम अजीब चीज़ नहीं थी। निक्की को रूपये देकर औरत पर उंगली रख दी जाती थी और उससे कहा जा था कि उसकी पीढ़ियों की धज्जी उड़ा ले। उसके पुश्तों की सारी कमज़ोरियां माज़ी के मलबे से कुरेद-कुरेद कर निकले और उसके वजूद पर ढेर कर दे। निक्की यह काम बड़ी ईमानदारी से करती, वो गालियां जो उनके मुंह में ठीक नहीं बैठती थीं, अपने मुंह में बिठाती। उनकी बहू-बेटियों के ऐब पर पर्दे डाल कर वो दूसरे की बहू-बेटियों में कीड़े डालती। गन्दी से गन्दी गालियां अपने उन मुवक्किलों की ख़ातिर खुद भी खाती... पर अब कि उसकी बेटी के ब्याह का सवाल आया था, वो कमीनी, नीच और ज़लील बन गई थी।

एक बार उसके जी में आया कि मुहल्ले की उन तमाम औरतों को जिन्होंने उसकी बेटी को रिश्ता देने से इंकार कर दिया था, बीच चौराहे में जमा करे और ऐसी गालियां दे कि उनके दिल के कानों के पर्दे फट जाएं मगर वो सोचती कि अगर उसने ये ग़लती कर दी तो ग़रीब भोली का मुस्तक़्बिल तितर-बितर हो जाएगा।

जब चारों तरफ से मायूसी हुई तो निक्की ने शहर छोड़ने का इरादा कर लिया एक सिर्फ़ यही रास्ता था। जिससे भोली की शादी का कठिन मरहला तै हो सकता था, चुनांचि उसने एक रोज़ भोली से कहा: "बिटिया मैंने सोचा है कि अब किसी और शहर में जा रहें।"

भोली ने चौंक कर पूछा: "क्यों मां?"

"बस अब यहां रहने को जी नहीं चाहता।" निक्की ने उसकी तरफ़ ममता भरी नज़रों से देखा और कहा: "तेरे ब्याह की फ़िक्र में घुली जा रही हूं। यहां बेल मुंढे नहीं चढ़ेगी। तेरी मां को सब ज़लील समझते हैं।"

भोली काफ़ी स्यानी थी फौरन निक्की का मतलब समझ गई, उसने सिर्फ इतना कहा: "हां मां!"

निक्की को इन दो लफ़्ज़ों से सख़्त सदमा पहुंचा। बड़े दुखी लहजे में उसने भोली से सवाल किया: "क्या तू भी मुझे ज़लील समझती है।"

भोली ने जवाब न दिया और आटा गूंधने में समरूफ़ हो गई।

उस दिन निक्की ने अजीब-अजीब बातें सोचीं। उसके सवाल करने पर भोली ख़ामोश क्यों हो गई थी। क्या वो उसे वाक़ई ज़लील समझती है, क्या वो इतना भी नहीं कह सकती थी कि "नहीं मां।" क्या यह बाप के ख़ून का असर था? बात में से बात निकल आती और वो बहुत बुरी तरह उन में उलझ जाती। उसे बीते हुए दस बरस याद आते। ब्याही ज़िन्दगी के दस बरस जिसका एक-एक दिन मार-पीट और गाली गलोच से भरा था। फिर वो अपनी नज़रों के सामने मुतल्लक़ा ज़िन्दगी के दिन मिलाती... उनमें भी गालियां ही गालियां थीं जो वो पैसे की ख़ातिर दूसरों को देती रही थी थक हार कर वो कभी कोई सहारा टटोलने लगती और सोचती, क्या ही अच्छा होता कि वो तलाक़ न लेती... आज बेटी का बोझ गाम के कंधों पर होता। निखट्टू था। परले दर्जे का ज़ालिम था। ऐबी था। मगर बेटी के लिए ज़रूर कुछ न कुछ करता।

पुरानी यादें, और उनके दिये हुए दर्द अब आहिस्ता-आहिस्ता निक्की को ऐसा महसूस होता था कि वो बूढ़ी हो गई है। उसकी कमर जवाब दे चुकी है। उसकी ज़बान जो कैंची की तरह चलती थी, अब कुन्द हो गई है। भोली से घर के काम-काज के मुतल्लिक़ मामूली-सी बात करते हुए उसको मशक़्क़त करनी पड़ती थी।

निक्की बीमार पड़ गई और चारपाई के साथ लग गई। शुरू-शुरू में वो इस बीमारी का मुक़ाबला करती रही। भोली को भी उसने ख़बर न होने दी कि अन्दर ही अन्दर कौन-सी दीमक उसे चाट रही है। लेकिन एकदम ऐसी निढाल हुई कि उससे उठा तक न गया। भोली को बहुत तशवीश हुई। उसने हकीम बुलाया जिसने नब्ज़ देख कर बताया कि फ़िक्र की कोई बात नहीं पुराना बुख़ार है। इलाज से दूर हो जायेगा। इलाज बाक़ायदा होता रहा। भोली सआदतमंद बेटियों की तरह हर मुम्किन ख़िदमत बजा ला रही थी। इससे निक्की के दुखी दिल को काफी सांत्वना होती थी। मगर मर्ज़ दूर न हुआ। बुख़ार पहले से तेज़ हो गया और आहिस्ता-आहिस्ता निक्की की भूख ग़ायब हो गई जिसके कारण वो बहुत कमज़ोर हो गई।

औरतों में एक खुदादाद वस्फ़ होता है कि मरीज़ की शक्ल देखकर ही पहचान लेती हैं कि वो कितने दिन का मेहमान है। एक-दो औरतें जो

बीमार पुरसी के लिए निक्की के पास आई तो उन्होंने अंदाज़ा लगाया कि वो मुश्किल से दस रोज़ निकालेगी। चुनांचि यह बात सारे मुहल्ले को मालूम हो गई।

कोई बीमार हो, मरने के क़रीब हो तो औरतों के लिए एक अच्छी ख़ासी तफ़रीह, का बहाना निकल आता है। घर से बन संवर कर निकलती है और मरीज़ के सरहाने बैठकर अपने तमाम मरहूम अज़ीज़ों को याद करती हैं। उनकी बीमारी का ज़िक्र होता है, वो तमाम इलाज बयान किये जाते हैं जो लाइलाज साबित हुए थे। फिर गुफ़्तुगू का रूख़ पलट कर कमीज़ों के नए डिज़ाइनों की तरफ़ आ जाता है।

निक्की ऐसी बातों से बहुत घबराती थी। लेकिन वो ख़ुद चूंकि मरीज़ों के सरहाने ऐसी ही बातें करती रही थी इसलिए मजबूरन उसे ये ख़ुराफ़ात सुननी पड़ती थी– एक रोज़ जब मुहल्ले की बहुत-सी औरतें उसके घर में जमा हो गईं तो इस एहसास ने उसको बहुत बेचैन किया कि अब उसका वक़्त आ चुका है। उनमें से हरेक के चेहरे पर ये फ़ैसला 'मरकूम' था कि निक्की के दरवाज़े पर मौत दस्तक दे रही है। जो औरत आती, अपने साथ ये खटखट लाती। तंग आकर कई दफ़ा निक्की के जी में आया कि कुंडी खोल दे और दस्तक देने वाले फ़रिश्ते को अन्दर बुला ले।

अब बीमार पुर्स औरतों को सबसे बड़ा अफ़सोस भोली का था। निक्की से वो बार-बार उसका ज़िक्र करतीं कि हाये इस बेचारी का क्या होगा। दुनिया में ग़रीब की सिर्फ़ एक मां है। वो भी चली गई तो उसका क्या होगा। फिर वो अल्लाह मियां से दुआ करतीं कि वो निक्की की ज़िन्दगी में चन्द दिन का इज़ाफ़ा कर दे ताकि वो भोली के तरफ़ से मुतमइन हो के मरे।

निक्की को अच्छी तरह मालूम था कि यह दुआ बिलकुल झूठी है। उन्हें भोली का इतना ख़्याल होता तो वो उसके रिश्ते से इंकार क्यों करतीं। साफ़ इंकार नहीं किया था। इसलिए कि ये दुनियादारी के उसूल के ख़िलाफ़ था। मगर किसी ने हामी नहीं भरी थी।

वो छोटा-सा कमरा जिसमें निक्की चारपाई पर पड़ी थी बीमार पुर्स औरतों से भरा हुआ था– भोली ने उनके बैठने का इंतेज़ाम ऐसा मालूम होता है पहले ही से कर रखा था। पीढ़ियां कम थीं। इसलिए उसने खजूर के पत्तों की चटाई बिछा दी थी। भोली के इस इंतज़ाम से निक्की को बड़ा सदमा पहुंचा था गोया वो भी दूसरी औरतों की तरह उसकी मौत के

इस्तक़बाल के लिए तैयार था।

बुख़ार तेज़ था। दिमाग़ तपा हुआ था। निक्की ने ऊपर तले बहुत सी तकलीफ़देह बातें सोचीं तो बुख़ार और ज़्यादा तेज़ हो गया और उस पर हज़्यानी कैफ़ियत तारी हो गई। जल्दी-जल्दी बेजोड़ बातें करने लगी। बीमार पुर्स औरतों ने मानीख़ीज़ नज़रों से एक दूसरे की तरफ़ देखा। वो जो उठ कर जाने वाली थीं, निक्की का वक़्त क़रीब देख कर बैठ गईं।

निक्की बके जा रही थी। ऐसा मालूम होता था कि वो किसी से लड़ रही है। मैं तेरी हश्त-पश्त को अच्छी तरह जानती हूं... जो कुछ तूने मेरे साथ किया है, वो कोई दुश्मन के साथ भी नहीं करता। मैंने अपने ख़ाविन्द की दस बरस ग़ुलामी की। उसने मार-मार कर मेरी खाल उधेड़ दी। पर मैंने उफ़्फ़ तक न की... अब तू ने... अब तूने मुझ पर यह ज़ुल्म शुरू किए हैं...'' फिर वो कमरे में जमाशुदा औरतों को फटी-फटी नज़रों से देखती ''तुम... तुम यहां क्या करने आई हो... नहीं नहीं... मैं किसी फीस पर भी लड़ने के लिए तैयार नहीं... तुम में से हर एक के ऐब वही हैं... पुराने... सदियों के पुराने। जो कीड़े... जो कीड़े फामां में हैं, वही तुम सब में हैं... तुम में से क़रीब-क़रीब हरेक का ख़सम रंडीबाज़ है... जो बुरी बीमारी फातो के ख़ाविन्द को लगी है, वही जिनते के घर वाले को चिमटी हुई है... तुम सब कोढ़ी हो... और यह कोढ़ तुमने मुझे भी दे दिया है... लानत हो तुम सब पर ख़ुदा की... ख़ुदा की... ख़ुदा...'' और वो हंसने लगती। ''मैं उस ख़ुदा को भी जानती हूं... उसकी हश्त पश्त को अच्छी तरह जानती हूं... ये क्या दुनिया बनाई है तू ने... ये दुनिया जिसमें गाम हैं। जिसमें फामां है जो अपने ख़ाविन्द को छोड़कर दूसरों के बिस्तर गर्म करती है... और मुझे फीस देती है... बीस रूपये गिन कर मेरे हाथ पर रखती है कि मैं नूर फिशां के पुराने यारों का पोल खोलूं... और नूर फिशां मेरे पास आती है कि निक्की ये पांच ज़्यादा लो और जाओ अमीना से लड़ो, वो मुझे सताती है... ये क्या चक्कर चलाया हुआ है तू ने अपनी दुनिया में... मेरे सामने आ... ज़रा मेरे सामने आ...''

आवाज़ निक्की के हलक़ में रुकने लगी। थोड़ी देर के बाद घुंघरू बजने लगा। बिगड़ती हालत में पेचो-ताब खा रही थी और हज़्यानी कैफियत में चिल्ला रही थी ''गामा मुझे मार... ओ गाम... ओ ख़ुदा मुझे न मार... ओ ख़ुदा... ओ गाम...''

ओ ख़ुदा और गाम बड़बड़ाती आख़िर निक्की बीमार पुर्स औरतों के अंदाज़े के ऐन मुताबिक़ मर गई। भोली जो उन औरतों की ख़ातिरदारी में मसरूफ़ थी, पानी का गिलास हाथ से गिरा कर धड़ाधड़ अपना सर पीटने लगी।

सन् 1919 की एक बात

यह 1919 की बात है भाई जान जब रोलेट एक्ट के ख़िलाफ़ सारे पंजाब में एजीनेशन हो रही थी। मैं अमृतसर की बात कर रहा हूं। सर माइकल एडवाज़र ने डिफेंस आफ़ इंडिया रूल्ज़ के तहत गांधी जी का दाख़िला पंजाब में बंद कर दिया था। वो इधर आ रहे थे कि पलवाल के मुक़ाम पर उनको रोक लिया गया और गिरफ्तार कर के वापस बम्बई भेज दिया गया। जहां तक मैं समझता हूं भाई जान अगर अंग्रेज़ ये ग़लती न करता तो जलियांवाला बाग़ का हादसा उसकी हुकमरानी की स्याह तारीख़ में ऐसे ख़ूनी पन्ने का इज़ाफा कभी न करता।

क्या मुसलमान, क्या हिन्दू, क्या सिक्ख़, सब के दिल में गांधी जी की बेहद इज़्ज़त थी। सब उसे महात्मा मानते थे। जब उनकी गिरफ़्तारी की ख़बर लाहौर पहुंची तो सारा कारोबार एकदम बन्द हो गया। यहां से अमृतसर वालों को मालूम हुआ, चुनांचि यों चुटकियों में मुकम्मल हड़ताल हो गई।

कहते हैं कि 9 अप्रैल की शाम को डाक्टर सत्यपाल और डॉक्टर कचलोकी जिलावतनी के आदेश डिपटी कमिशनर को मिल गये थे। वो इनकी तामील के लिए खड़ा नहीं था, इसलिए कि उसके ख़्याल के मुताबिक़ अमृतसर में किसी हीजानख़ीज़ बात का ख़तरा नहीं था। लोग शांतिपूर्ण रूप से विरोधी जुलूस वग़ैरह करते थे। जिन से तशद्दुद का सवाल ही पैदा नहीं होता था। मैं अपनी आंखों देखा हाल बयान करता हूं। नौ को रामनवमी थी जुलूस निकाल मगर मजाल है जो किसी ने अधिकारियों की मर्ज़ी के ख़िलाफ़ क़दम तक उठाया हो। लेकिन भाई जान सरमाइकल जब औंधी खोपड़ी का इंसान था। उसने डिप्टी कमिशनर की एक न सुनी उस

पर बस यही ख़ौफ़ सवार था कि यह लीडर महात्मा गांधी के इशारे पर साम्राज्य का तख़्ता उलटने के दरपे हैं और जो हड़तालें हो रही हैं और जैसे जलसे का आयोजन होता है, उसके पर्दे-पीछे यही साज़िश काम कर रही है।

डाक्टर कचलो और डाक्टर सत्यपाल की जिलवतनी की ख़बर आनन फ़ानन शहर में आग की तरह फैल गई। दिल हर शख़्स का दिल दहला था। प्रतिक्षण धड़का सा लगा रहता था कि कोई बहुत बड़ा हादसा होने वाला है। लेकिन भाई जान जोश बहुत था। कारोबार बन्द थे। शहर क़ब्रिस्तान बना हुआ था। लेकिन इस क़ब्रिस्तान की ख़ामोशी में भी एक शोर था। जब डॉक्टर कचलो और सत्यपाल की गिरफ्तारी की ख़बर आई तो लोग हज़ारों की संख्या में इकट्ठे हुए कि मिल कर डिप्टी कमिश्नर बहादुर के पास जाएं और अपने महबूब लीडरों की जिलावतनी की आज्ञाओं को रद्द कराने की दरख़्वास्त करें। मगर वो ज़माना, भाई जान, दरख़्वास्तें सुनने का नहीं था। सरमाइकल जैसा फ़िरऔन बड़ा हाकिम था, उसने दरख़्वास्त सुनना तो दूर लोग के इस समूह ही को ग़ैर क़ानूनी क़रार दे दिया।

अमृतसर– वो अमृतसर जो कभी आज़ादी की तहरीक का सब से बड़ा केन्द्र था, जिसके सीने पर जलियांवाला बाग़ जैसा क़ाबिले फ़ख़्र जख़्म था, आज किस हालत में है?... लेकिन छोड़िये इस क़िस्से को। दिल को बहुत दुख होता है। लोग कहते हैं कि इस पवित्र शहर में जो कुछ आज से पांच बरस पहले हुआ उसके ज़िम्मेदार भी अंग्रेज़ हैं। होगा, भाई जान, पर सच पूछिये तो उस लहू में जो वहां बहा है, हमारे अपने ही हाथ रंगे हुए नज़र आते हैं, ख़ैर!

डिप्टी कमिशनर साहब का बंगला सिविल लाइंज़ में था। हर बड़ा अफ़सर और हर बड़ा टोडी शहर के उस अलग थलग हिस्से में रहता था– आपने अमृतसर देखा है तो आपको मालूम होगा कि शहर और सिविल लाइंज़ को मिलाने वाला एक पुल है जिस पर से गुज़र कर आदमी ठंडी सड़क पर पहुंचता है, जहां हाकिमों ने अपने लिए ये 'अरज़ी' जन्नत बनाई हुई थी।

हुजूम जब हॉल दरवाज़े के क़रीब पहुंचा तो मालूम हुआ कि पुल पर घुड़सवार गोरों का पहरा है। हुजूम बिल्कुल न रुका और बढ़ता गया। भाई जान! मैं इसमें शामिल था। जोश कितना था, मैं यह बयान नहीं कर सकता। लेकिन सब निहत्ते थे। किसी के पास एक मामूली छड़ी भी नहीं थी।

असल में वो तो इस गर्ज़ से निकले थे कि सामूहिक तौर पर अपनी आवाज़ शहर के हाकिम तक पहुंचाएं और उससे दरख़्वास्त करें कि डाक्टर कचलो और डाक्टर सत्यपाल को बिना शर्त रिहा कर दे। हुजूम पुल की तरफ़ बढ़ता रहा। लोग क़रीब पहुंचे तो गोरों ने फायर शुरू कर दिए। इससे भगदड़ मच गई। वो गिनती में सिर्फ़ बीस-पच्चीस थे और हुजूम सैंकड़ों पर मुशतमल था। लेकिन भाई जान गोली की दहशत बहुत होती है। ऐसी अफ़रा-तफ़री फैली कि अलअमां। कुछ गोलियों से घायल हुए और कुछ भगदड़ में ज़ख़्मी हुए।

दाएं हाथ को गन्दा नाला था। धक्का लगा तो उसमें गिर पड़ा। गोलियां चलनी बन्द हुईं तो मैंने उठ कर देखा। हुजूम तितर-बितर हो चुका था। ज़ख़्मी सड़क पर पड़े थे और पुल पर गोरे खड़े हंस रहे थे। भाई जान मुझे ज़रा भी याद नहीं कि उस वक़्त मेरी दिमाग़ी हालत किस क़िस्म की थी। मेरा ख़्याल है कि मेरे होशो-हवास पूरी तरह सलामत नहीं थे। गन्दे नाले में गिरते वक़्त तो मुझे होश नहीं था। जब बाहर निकला तो जो घटना घटित हुई थी, उसकी अकृति धीरे-धीरे मन-मस्तिष्क पर उभरने शुरू हुई।

दूर शोर की आवाज़ सुनाई दे रही थी। जैसे बहुत से लोग गुस्से में चीख़-चिल्ला रहे हैं। मैं गन्दा नाला पार कर के ज़ाहिरा पीर के तकिये से होता हुआ हाल दरवाज़े के पास पहुंचा तो देखा कि तीस-चालीस नौजवान जोश में भरे पत्थर उठा-उठा कर दरवाज़े के घड़ियाल पर मार रहे हैं। उसका शीशा टूट कर सड़क पर गिरा तो एक लड़के ने बाक़ियों से कहा: "चलो... मलका का बुत तोड़ें।"

दूसरे ने कहा: "नहीं यार- कोतवाली को आग लगाऐं।"

तीसरे ने कहा: "और सारे बैंकों को भी।"

चौथे ने उनको रोका: "ठहरो- इस से क्या फ़ायदा होगा- चलो पुल पर उन लोगों को मारें।"

मैंने उसको पहचान लिया। ये थैला कंजड़ था... नाम मुहम्मद तुफ़ैल था, कंजड़ के नाम से मशहूर था। इसलिए कि एक तवाइफ़ के पेट से पैदा था। बड़ा आवारा गर्द था। छोटी उम्र ही में उसको जूए और शराब-नोशी की लत पड़ गई थी। उसकी दो बहनें शमशाद और अल्मास अपने वक़्त की हसीन तरीन तवाइफ़ें थीं। शमशाद का गला बहुत अच्छा था। उसका मुजरा सुनने के लिए रईस बड़ी-बड़ी दूर से आते थे। दोनों अपने भाइयों की करतूतों से बहुत ना़लां थे। शहर में मशहूर था कि उन्होंने एक क़िस्म का

उसको 'आक़' कर रखा है। फिर भी वो किसी न किसी बहाने से अपनी ज़रूरियात के लिए उन से कुछ न कुछ वसूल कर ही लेता था। वैसे वो बहुत खुश-पोश रहता था। अच्छा खाता था। अच्छा पीता था। बड़ा नफ़ासत पसंद था। बुज़ला संजी और लतीफ़ागोई मिज़ाज में कूट-कूट कर भरी थी। मीरासियों और भांडों के शोक़ियानापन से बहुत दूर रहता था। लम्बा क़द, भरे-भरे हाथ पांव, मज़बूत कसरती बदन, नाक नक़्शे का भी ख़ासा था।

पुरज़रोश लड़कों ने उनकी बात न सुनी और मल्का के बुत की तरफ़ चलने लगे। उसने फिर उनसे कहा: "मैंने कहा मत ज़ाया करो अपना जोश। इधर आओ मेरे साथ... चलो उन गोरों को मारें जिन्होंने हमारे बेक़सूर आदमियों की जान ली है और उन्हें जख़्मी किया है... ख़ुदा की क़सम हम सब मिलकर इन की गर्दन मरोड़ सकते हैं- चलो।"

कुछ जा चुके थे, बाक़ी रुक गए। थैला पुल की तरफ़ बढ़ा तो उसके पीछे चलने लगे। मैंने सोचा कि माओं के ये लाल बेकार मौत के मुंह में जा रहे हैं। फव्वारे के पास दुबका खड़ा था। वहीं से मैंने थैले को आवाज़ दी और कहा मत जाओ यार- क्यों अपनी और उनकी जान के पीछे पड़े हो।"

थैले ने यह सुनकर अजीब-सा क़हक़हा बुलन्द किया और मुझ से कहा: "थैला सिर्फ़ यह बताने चला है कि वो गोलियों से डरने वाला नहीं। फिर वो अपने साथियों से मुख़ातिब हुआ: "तुम डरते हो तो वापस जा सकते हो।"

ऐसे मौक़ों पर बढ़े हुए क़दम उलटे कैसे हो सकते हैं। और फिर वो भी उस वक़्त जब लीडर अपनी जान हथेली पर रख कर आगे-आगे जा रहा है। थैले ने क़दम तेज़ किए तो उसके साथियों को भी करने पड़े।

हाल दरवाज़े से पुल का फ़ासला कुछ ज़्यादा नहीं... होगा कोई साठ-सत्तर गज़ के क़रीब। थैला सब से आगे-आगे था। जहां से पुल के दोरोया मतवाज़ी जंगला शुरू होता है। वहां से पन्द्रह-बीस क़दम के फासले पर दो घुड़सवार गोरे खड़े थे। थैला नारे लगाता जब जंगले के आग़ाज़ के पास पहुंचा तो फ़ायर हुआ। मैं समझा कि वो गिर पड़ा है... लेकिन देखा कि वो उसी तरह... ज़िन्दा आगे बढ़ रहा है। उसके बाक़ी साथी डर के भाग उठे थे। मुड़कर उसने पीछे देखा और चिल्लाया: "भागो नहीं... आओ।"

उसका मुंह मेरी तरफ़ था कि एक फायर हुआ। पलटकर उसने गोरों की तरफ़ देखा और पीठ पर हाथ फेरा- भाई जान नज़र तो मुझे कुछ नहीं

आना चाहिए थे। और वो तेज़ी से बढ़ा जैसे ज़ख़्मी शेर... एक और फ़ायर हुआ और वो लड़खड़ाया मगर एकदम क़दम मज़बूत कर के वो घुड़सवार घोड़े पर लपका और चश्मे-ज़दन में जाने क्या हुआ- घोड़ों की पीठ ख़ाली थी गोरा ज़मीन पर था और थैला उसके ऊपर- दूसरे गोरे ने जो क़रीब था और पहले बौख़ला गया था, बिदकते हुए घोड़ों को रोका और धड़धड़ फायर शुरू कर दिए- इसके बाद जो कुछ हुआ मुझे मालूम नहीं। मैं वहां फव्वारे के पास बेहोश होकर गिर पड़ा।

भाईजान जब मुझे होश आया तो मैं अपने घर में था। चन्द पहचान के आदमी मुझे वहां से उठा लाये थे। उनकी ज़बानी मालूम हुआ कि पुल पर से गोलियां खाकर हुजूम उत्तेजित हो गया था। परिणाम इस उत्तेजना का यह हुआ कि मलका के बुत को तोड़ने की कोशिश की गई। टाउन हॉल और तीन बैंकों को आग लगी और पांच या छः यूरोपियन मारे गये। ख़ूब लूट मची।

लूट खसोट का अंग्रेज़ अफ़सरों को इतना ख़्याल नहीं था। पांच या छः यूरोपियन मारे गए थे। इसका बदला लेने के लिए जलियांवाला बाग़ की ख़ूनी घटना घटित हुई। डिप्टी कमिश्नर बहादुर ने शहर की बागडोर जनरल डायर के सुपुर्द कर दी। चुनांचि जनरल साहब ने 12 अप्रैल को फौजियों के साथ शहर के मुख़्तलिफ़ बाज़ारों में मार्च किया और दर्जनों बेगुनाह आदमी गिरफ्तार किये।

तेरह को जलियांवाला बाग़ में जलसा हुआ। क़रीब-क़रीब पच्चीस हज़ार का मजमा था, शाम के क़रीब जनरल डायर सशस्त्र गोरखों और सिक्खों के साथ वहां पहुंचा और निहत्थे आदमियों पर गोली की बारिश शुरू कर दी।

उस वक़्त तो किसी को जानी नुक़सान का ठीक अंदाजा नहीं था, बाद में जब तहक़ीक़ हुई तो पता चला कि एक हज़ार मारे गये हैं और तीन या चार हज़ार के क़रीब ज़ख़्मी... लेकिन मैं थैले की बात कर रहा था... भाई जान आंखों देखी आपको बता चुका हूं- बेऐब ज़ात ख़ुदा की है। मरहूम में चारों ऐब शरई थे। एक पेशावर तवाइफ के पेट से था मगर जयाला था। मैं अब यक़ीन के साथ कह सकता हूं कि इस मलऊन गोरे की पहली गोली भी उसके लगी थी। आवाज़ सुन कर जब उसने पलट कर अपने साथियों की तरफ देखा था, और उन्हें हौसला दिलाया था तो जोश की हालत में उसको मालूम नहीं हुआ था कि उसकी छाती में गर्म-गर्म सीसा उतर चुका

है। दूसरी गोली उसकी पीठ में लगी, तीसरी फिर सीने में। मैंने देखा नहीं, पर सुना है जब थौले की लाश गोरे से जुदा की गई तो उसके दोनों हाथ उसकी गर्दन में इस बुरी तरह पैवस्त थे कि इलाहदा नहीं होते थे। गोरा जहन्नम पहुंच चुका था।

दूसरे रोज़ जब थैले की लाश कफ़न-दफ़न के लिए उसके घर वालों के सुपुर्द की गई तो उसका बदन गोलियों से छलनी हो रहा था। दूसरे गोरे ने अपना पूरा पिस्तौल उस पर ख़ाली कर दिया था– मेरा ख़्याल है कि इस वक़्त मरहूम की रूह 'क़फस उंसरी' से पर्वाज़ कर चुकी थी। उस शैतान के बच्चे ने सिर्फ उसके मुर्दा जिस्म पर चांद मारी की थी।

कहते हैं जब थैले की लाश मुहल्ले में पहुंची तो कोहराम मच गया। अपनी बिरादरी में वो इतना मक़बूल नहीं था, लेकिन उसकी क़ीमा-क़ीमा लाश देखकर सब दहाड़ें मार-मार कर रोने लगे। उसकी बहनें शमशाद और अल्मास तो बेहोश हो गईं। जब जनाज़ा उठा तो उन दोनों ने ऐसे बैन किए कि सुनने वाले लहू के आंसू रोते रहे।

भाईजान, मैंने कहीं पढ़ा था कि फ्रांस के इंक़लाब में पहली गोली वहां की एक टिखिचाई के लगी थी। मरहूम मोहम्मद तुफ़ैल एक तवाइफ का लड़का था। इंक़लाब के इस संघर्ष में उसके जो पहले गोली लगी थी, दसवीं थी या पचासवीं, इसके मुतल्लिक़ किसी ने भी तहक़ीक़ नहीं की। शायद इसलिए कि सोसाइटी में उस ग़रीब का कोई रुतबा नहीं था। मैं तो समझता हूं पंजाब के इस ख़ूनी गुस्ल मे नहाने वालों की सूची में थैले कंजड़ का नामो-निशान तक भी नहीं होगा। और ये भी कोई पता नहीं कि ऐसी कोई सूची तैयार भी हुई थी।

सख़्त हंगामी दिन थे। फौजी हुकूमत का दौर-दौरा था। वो देव जिसे मार्शल ला कहते हैं, शहर के गली-गली कूचे-कूचे में डकारता फिरता था। बहुत अफ़रातफ़री के आलम में इस ग़रीब को जल्दी-जल्दी यों दफ़न किया गया जैसे उसकी मौत उसके सोगवार अज़ीज़ों का एक संगीन जुर्म थी, जिसके निशानात वो मिटा देना चाहते थे।

बस भाईजान, थैला मर गया। थैला दफ़ना दिया गया और यह कहकर मेरा हमसफर पहली बार कुछ कहते-कहते रुका और ख़ामोश हो गया। ट्रेन दनदनाती हुई जा रही थी। पटरियों की खटाखट ने यह कहना शुरू कर दिया: "थैला मर गया–थैला दफ़ना दिया गया– थैला मर गया– थैला दफना दिया गया।" इस मरने और दफनाने के दर्मियान कोई फ़ासला नहीं

था, जैसे वो इधर मरा और उधर दफ़ना दिया गया।

और खट-खट के साथ इन अल्फाज़ की हम आहंगी कुछ इस क़दर जज़्बात से आरी थी कि मुझे अपने दिमाग से उन दोनों को जुदा करना पड़ा। चुनांचि मैंने अपने हमसफर से कहा: "आप कुछ और भी सुनाने वाले थे।"

चौंक कर उसने मेरी तरफ़ देखा: "जी हां– उस दास्तान का एक अफ़्सोसनाक हिस्सा बाक़ी है।"

मैंने पूछा: "क्या?"

उसने कहना शुरू किया: "मैं आप से अर्ज कर चुका हूं कि थैले की दो बहनें थीं। शमशाद और अलमास। बहुत ख़ूबसूरत। शमशाद लम्बी थी। पतले-पतले ग़िलाफ़ी आंखें। ठुमरी बहुत ख़ूब गाती थी। सुना है ख़ान साहब फ़तह अली खां से तालीम लेती रही थी। दूसरी अल्मास थी। उसके गले में सुर नहीं था, लेकिन बात करने में अपना सानी नहीं रखती थी। मुजरा करती थी तो ऐसा लगता था कि उसका अंग-अंग डोल रहा है। हर भाव में एक घात होती थी– आंखों में वो जादू था जो हर एक के सर चढ़ कर बोलता था।"

मेरे हमसफ़र ने तारीफ़ो-तौसीफ़ में कुछ ज़रूरत से ज़्यादा वक़्त लिया। मगर मैंने टोकना मुनासिब न समझा। थोड़ी देर के बाद वो खुद इस लम्बे चक्कर से निकला और दास्तान के अफ़्सोसनाक हिस्से की तरफ़ आया: "क़िस्सा यह है भाईजान कि उनकी आफ़त की परकाला दो बहनों के हुस्नो-जमाल का ज़िक्र किसी खुशामदी ने फौजी अफ़सर से कर दिया... बल्वे में एक मेम... क्या नाम था उस चुड़ैल का... मिस...मिस शिरोड मारी गई थी... तय हुआ कि दिन को बुलवाया जाये और...और जी भर के इंतक़ाम लिया जाये... आप समझ गये न भाई जान?"

मैंने कहा: "जी हां।"

मेरे हमसफ़र ने एक आह भरी, "ऐसे नाजुक मामलों में तवाइफें और कस्बियां भी अपनी माएं बहने होती हैं।... मगर भाई जान ये मुल्क अपनी इज्जतो-नामूस को मेरा ख़्याल है पहचानता ही नहीं जब ऊपर से इलाक़े के थानेदार को आर्डर मिला तो वो फौरन तैयार हो गया: चुनांचि वो खुद शमशाद और अलमास के मकान पर गया और कहा कि साहब लोगों ने याद किया है, वो तुम्हारा मुजरा सुनना चाहते हैं। भाई की क़ब्र की मिट्टी भी अभी तक खुश्क नहीं हुई थीं। अल्लाह को प्यारे हुए उस ग़रीब को सिर्फ़ दो दिन हुए थे कि ये हाज़री का हुक्म सादर हुआ कि आओ हमारे

हुज़ूर नाचो... अज़ीयत का इससे बढ़कर पुर अज़ीयत तरीक़ा और क्या हो सकता है...? "मुस्तब्द तमस्ख़र" की ऐसी मिसाल मेरा ख़्याल में भी नहीं आया कि तवायफ़ भी गैरतमन्द होती है?... हो सकती है... क्यों नहीं हो सकती?" उसने अपने आप से सवाल किया, लेकिन मुख़ातिब वो मुझ से ही था।

मैंने कहा: "हो सकती है।"

"जी हां– थैला आख़िर उनका भाई था। उसने किसी क़िमारख़ाने की लड़ाई भड़ाई में अपनी जान नहीं दी थी। वो शराब पी कर दंगा फ़साद करते हुए हलाक नहीं हुआ था। उसने वतन की राह में बड़े बहादुराना तरीक़े पर शहादत का जाम पिया था। वो एक तवायफ के बतन से था लेकिन वो तवाइफ़ मां थी, और शमशाद और अलमास उसकी बेटियां थीं, और ये थैले की बहनें थीं। तवाइफ़ें बाद में थीं।

और वो थैले की लाश देखकर बेहोश हो गई थीं। जब उसका जनाज़ा उठा था तो उन्होंने ऐसे बैन किए थे कि सुनकर आदमी लहू रोता था..."

मैंने पूछा: "वो गईं?"

मेरे हमसफ़र ने इसका जवाब थोड़ी देर बाद उदासी से दिया: "जी हां. .. जी हां गईं। "सोलह सिंघार कर के अपने बुलाने वालों के पास गईं... कहते हैं ख़ूब महफ़िल जमी... दोनों बहनों ने अपने जौहर दिखाए... ज़र्क़-बर्क़ कपड़ों में मलबूस वो कोहे-क़ाफ़ की परियां मालूम होती थीं.. शराब के दौर चलते रहे और वो नाचती गाती रहीं– ये दोनों दौर चलते रहे... और कहते हैं कि... रात के दो बजे एक बड़े अफ्सर के इशारे पर महफ़िल बरख़ास्त हुई..." वो उठ खड़ा हुआ और बाहर भागते हुए दरख़्तों को देखने लगा।

पहियों और पटरियों की आहिनी गड़गड़ाहट की ताल पर उसके आख़री दो लफ़्ज़ नाचने लगे: "बरख़ास्त हुई।"

मैंने अपने दिमाग़ में इन्हें आहनी गड़गड़ाहट से नोच कर अलग करते हुए उससे पूछा: "फिर क्या हुआ?"

भागते हुए दरख़्तों और खंभों से नज़रें हटाकर उसने बड़े मज़बूत लहजे में कहा: "उन्होंने अपना ज़र्क़-बर्क़ कपड़े नोच डालीं और बिल्कुल नंगी हो गई और कहने लगीं... लो देख लो... हम थैले की बहनें हैं... उस शहीद की जिसके ख़ूबसूरत जिस्म को तुमने सिर्फ़ इसलिए अपनी गोलियों से छलनी-छलनी किया था कि इसमें वतन से मुहब्बत करने वाली रूह थी.

.. हम उसकी ख़ूबसूरत बहने हैं... आओ अपनी शहवत के गर्म-गर्म लोहे से हमारा ख़ुश्बुओं में बसा हुआ जिस्म दाग़दार करो... मगर ऐसा करने से पहले हमें एक बार अपने मुंह पर थूक लेने दो।''

यह कहकर वो ख़ामोश हो गया। कुछ इस तरह कि नहीं बोलेगा। मैंने फौरन ही पूछा: ''फिर क्या हुआ।''

उसकी आंखों में आंसू डबडबा आए: ''उनको... उनको गोली से उड़ा दिया।''

मैंने कुछ न कहा। गाड़ी आहिस्ता होकर स्टेशन पर रुकी तो उसने कुली को बुला कर अपना सामान उठवाया। जब जाने लगा तो मैंने उससे कहा: ''आपने जो दास्तान सुनाई, उसका अंजाम मुझे आपका ख़ुदसाख़्ता मालूम होता है।

एकदम चौंक कर उसने मेरी तरफ़ देखा: ''ये आपने कैसे जाना?''

मैंने कहा: ''आपके लहजे में एक नाक़ाबिले बयान कर्ब था।''

मेरे हमसफ़र ने अपने हलक़ की तलख़ी थूक के साथ निगलते हुए कहा: ''जी हां... उन हराम...'' वो गाली देते देते रुक गया: ''उन्होंने अपने शहीद भाई के नाम पर बट्टा लगा दिया।'' यह कह कर वो प्लेटफार्म पर उतर गया।

एक ख़त

तुम्हारा लम्बा पत्र मिला जिसे मैंने दो बार पढ़ा। दफ़्तर में उसके एक-एक शब्द पर मैंने ग़ौर किया। और शायद इसी कारण उस दिन मुझे रात के दस बजे तक काम करना पड़ा, इसलिए कि मैंने बहुत-सा वक़्त इस ग़ौरो-फ़िक्र में बरबाद कर दिया था। तुम जानते हो इस पूंजीवादी संसार में अगर मज़दूर निर्धारित समय के एक-एक क्षण के बदले अपनी जान के टुकड़े तोल कर न दे तो उसे अपने काम का परिश्रमिक नहीं मिल सकता लेकिन ये रोना रोने से क्या फ़ायदा!

शाम को अज़ीज़ साहब, जिनके यहां मैं आजकल ठहरा हूं, दफ़्तर में तशरीफ़ लाए और कमरे की चाबियां देकर कहने लगे: "मैं ज़रा काम से कहीं जा रहा हूं। शायद देर में आना हो। इसलिए तुम मेरा इन्तेज़ार किए बग़ैर चले जाना।" लेकिन फिर फ़ौरन ही चाबियां जेब में डालीं और फ़रमाने, लगे: "नहीं, तुम मेरा इंतेज़ार करना। मैं दस बजे तक वापस आ जाऊंगा।"

दफ़्तरी काम से फ़ारिग़ हुआ तो दस बज चुके थे। सख़्त नीन्द आ रही थी। आंखों में बड़ी प्यारी गुदगुदी हो रही थी। जी चाहता था कि कुर्सी पर ही सो जाऊं।

नीन्द के ग़लबे के असर में, मैंने ग्यारह बजे तक अज़ीज़ साहब का इंतेज़ार किया मगर वो न आए। आख़िरकार थक कर मैंने घर की राह ली। मेरा ख़्याल था कि वो उधर ही उधर घर चले गये होंगे और आराम से सो रहे होंगे। धीरे-धीरे आधे मील की दूरी तय करने के बाद मैं तीसरी मंज़िल पर चढ़ा और जब अंधेरे में दरवाज़े की कुंडी की तरफ़ हाथ बढ़ाया तो ताले

की ठंडक ने मुझे बताया कि अज़ीज़ साहब अभी तशरीफ़ नहीं लाए।

सीढ़ियां चढ़ते समय मेरे थके हुए अंग सकून बख़्श नीन्द की कुर्बत महसूस कर के और भी ढीले हो गये, और जब मुझे ना-उम्मीदी का सामना करना पड़ा तो बुझ से गये। देर तक चोबी सीढ़ी के एक ज़ीने पर ज़ानूओं में दबाए अज़ीज़ साहब का इंतेज़ार करता रहा मगर वो न आए। आख़िरकार थक हार कर मैं उठा और तीन मंज़िल उतर कर नीचे बाज़ार में आया और ऐसे ही में टहलना शुरू कर दिया। टहलते-टहलते पुल पर जा निकला। जिसके नीचे से रेलगाड़ियां गुज़रती हैं। उस पुल के पास ही एक बड़ा चौक है।

यहां लगभग आधा घंटे तक में बिजली के एक खंभे के साथ लगकर खड़ा रहा और सामने नीम रौशन बाज़ार को इस उम्मीद पर देखता रहा कि अज़ीज़ साहब घर की ओर लौटते नज़र आ जायेंगे। आध घंटे के इस इंतेज़ार के बाद मैंने दफ़अतन सर उठा कर खंभे के ऊपर देखा, बिजली का कुमकुमा मेरी हंसी उड़ा रहा था। जाने क्यों।

थकावट और नीन्द के शदीद ग़लबे के कारण मेरी कमर टूट रही थी और में चाहता था कि थोड़ी देर के लिए बैठ जाऊं। बन्द दुकानों के थडमुझे सीट पेश कर रहे थे मगर मैंने उनकी दावत कबूल न की चलता-चलता पुल की संगीन मुंडेर पर चढ़कर बैठ गया। कुशादा बाज़ार बिल्कुल ख़ामोश था। आमदो-रफ़्त क़रीब-क़रीब बन्द थी। अल्बत्ता कभी-कभी दूर से मोटर के हार्न की रोनी आवाज़ ख़ामोश फ़िज़ा में लर्जिश पैदा करती हुई ऊपर की तरफ़ उड़ जाती थी। मेरे सामने सड़क के दोरोया बिजली के बुलन्द खंभे दूर तक फैले चले गये थे जो नीन्द उसके एहसास से 'आरी' मालूम होते थे। उनको देखकर मुझे रूस के मशहूर शायर मियां तलफ़ की नज़्म के चंद 'अशआर' याद आ गये। ये नज़्म ''चिराग़ हाए सरे राह से ली गई है।

मियां तलफ़, सड़क के किनारे झिलमिलाती रौशनियों को देख कर कहता है:

ये नन्हे चिराग़, ये नन्हे सरदार
सिर्फ़ अपने लिए चमकते हैं
जो कुछ ये देखते हैं, जो कुछ ये सुनते हैं
किसी को नहीं बताते

रूसी शायर ने कुछ ठीक ही कहा है... मेरे पास ही एक गज़ के फ़ासले पर बिजली का खंभा गड़ा था और उसके ऊपर बिजली का एक

शोख़ चश्म कुमकुमा नीचे झुका हुआ। उसकी आंखें रौशन थीं मगर वो मेरे सीने के अन्दर की हलचल से बेखबर था। उसे क्या मालूम मुझ पर क्या बीत रही है।

सिगरेट सुलगाने के लिए मैंने जेब में हाथ डाला तो तुम्हारे वज़नी लिफ़ाफ़े पर पड़ा। ज़ेहन में तुम्हारा ख़त पहले ही से मौजूद था। चुनांचि मैंने लिफाफा खोलकर बसंती रंग के काग़ज़ निकाल कर उन्हें पढ़ना शुरू किया। तुम लिखते हो: "कभी तुम शैतान बन जाते हो और कभी फ़रिश्ता नज़र आने लगते हो।" यहां भी दो तीन हज़रात ने मेरे मुतल्लिक़ यही राय क़ायम की है और मुझे यक़ीन सा हो गया है कि मैं वाक़ई दो सीरतों का मालिक हूं। इस पर मैने अच्छी तरह ग़ौर किया है और जो परिणाम निकाला है, वो कुछ इस तरह बयान किया जा सकता है।

बचपन और लड़कपन में, मैंने जो कुछ चाहा, वो पूरा न होने दिया गया यों कहो कि मेरी इच्छाऐं कुछ इस तरह पूरी की गईं कि उनकी पूर्ति मेरे आंसूओं और मेरी हिचकियों से लिपटी हुई थीं। मैं शुरू ही से जल्दबाज़ और गुसैला रहा हूं। अगर मेरा जी किसी मिठाई खाने को चाहा है और ये चाह ऐन वक़्त पर पूरी नहीं हुई तो बाद में मेरे लिए इस ख़ास मिठाई में कोई लज़्ज़त नहीं रही। इस कारण से मैंने हमेशा अपने हलक़ में एक तल्ख़ी सी महसूस की है और इस तल्ख़ी की शिद्दत बढ़ाने में इस अफ़सोसनाक हक़ीक़त का हाथ है कि मैंने जिस से मुहब्बत की, जिसको अपने दिल में जगह दी, उसने केवल मेरी भावनाओं को ज़ख़्मी किया बल्कि मेरी इस कमज़ोरी "मुहब्बत" से ज़बरदस्ती नाजाइज़ फ़ायदा भी उठाया। वो मुझ से दग़ा-फ़रेब करते रहे, और लुत्फ़ ये है कि मैं उन तमाम दग़ाबाज़ियों के एहसास के बावजूद उन से मुहब्बत करता रहा। मुझे अच्छी तरह मालूम है कि वो अपनी हर नई चाल की कामयाबी पर बहुत ख़ुश होते थे कि उन्होंने मुझे बेवक़ूफ बना दिया, और मेरी बेवक़ूफी देखो कि मैं सब कुछ जानते हुए मूर्ख बन जाता था।

जब इस सिलसिले में मुझे हर तरफ़ से ना उमीदी हुई, यानी जिस किसी को मैंने दिल से चाहा, उसने मेरे साथ धोखा किया तो मेरी तबीयत बुझ गई और मैंने महसूस किया कि रेगिस्तान में एक भंवरे के मानिन्द हों जिसे रस चूसने के लिए हद नज़र तक कोई फूल नज़र नहीं आ सकता लेकिन इसके बावजूद मुहब्बत करने से बाज़ न रहा, और हस्ब-मामूल किसी ने भी मेरे इस जज़्बे की क़द्र न की। जब पानी सर से गुज़र गया और

मुझे अपने नाम-निहाद दोस्तों की बेवफ़ाइयां और सर्द महरियां याद आने लगीं तो मेरे सीने के अन्दर एक हंगामा सा बरपा हो गया। मेरी कट्टर भावुक्ता और मेरे वजूद में एक जंग सी छिड़ गई।

मेरा कट्टर वजूद उन लोगों को लानत भेजते हुए और पिछले वाक़ियात की अफ़सोसनाक तस्वीर दिखाते हुए इस बात का तालिब था कि मैं आइन्दा से अपना दिल पत्थर का बना लूं और मुहब्बत को हमेशा के लिए बाहर निकाल फेंकूं, लेकिन जज़्बाती वजूद अफ़ससोसनाक वाक़ियात को दूसरे रंग में पेश करते हुए मुझे फ़ख़्र करने पर मजबूर करता था कि मैंने ज़िन्दगी का सही रास्ता इख़्तियार किया है। उसकी नज़र में नाकामियां ही कामियाबियां थीं। वो चाहता था कि मैं मुहब्बत किए जाऊं कि यही काइनात की रूहो-रवां है। उसकी समझ से उसका अस्तित्व इस झगड़े में बिल्कुल अलग थलग रहा। ऐसा मालूम होता है कि उसपर एक निहायत ही अजीबो-ग़रीब नीन्द का ग़ल्बा तारी है।

ये जंग ख़ुदा जाने किसी नामुबारक रोज़ शुरू हुई कि अब मेरी ज़िन्दगी का एक अंश बन के रह गई है। दिन हो या रात, जब कभी मुझे फुर्सत के चन्द लम्हात मुयस्सर आते हैं, मेरे सीने के चटियल मैदान पर मेरा कट्टर वजूद और जज़्बाती वजूद हथियार बांध कर खड़े हो जाते है। और लड़ना शुरू कर देते हैं। इन क्षणों में जब इन दोनों के दर्मियान लड़ाई ज़ोरों पर हो, अगर मेरे साथ कोई हमकलाम हो तो मेरा लहजा यक़ीनन कुछ और क़िस्म का होता है। मेरे कंठ में एक नाक़ाबिले बयान तलख़ली घुल रही होती है।

आंखें गर्म होती हैं और जिस्म का एक-एक अंग बेकल होता है। मैं बहुत कोशिश किया करता हूं कि अपने लहजे को कठोर न होने दूं, और कभी-कभी मैं इस कोशिश में कामियाब भी हो जाता हूं, लेकिन अगर मेरे कानों को कोई नागवार चीज़ सुनाई दे या मैं कोई ऐसी चीज़ महसूस करूं जो मेरी तबीयत के यकसर ख़िलाफ़ है तो फिर में कुछ नहीं कर सकता। मेरे सीने की गहराइयों से जो कुछ भी उठे, ज़बान के रास्ते बाहर निकल जाता है। और अक्सर जो शब्द भी ऐसे मौक़ों पर मेरी जबान पर आते हैं, बेहद तल्ख़ होते हैं। उनकी तलख़ी और कठोरता का एहसास मुझे उस वक़्त कभी नहीं हुआ। इसलिए कि मैं अपनी निःस्वार्थता से हमेशा और हर वक़्त बाख़बर रहता हूं और मुझे मालूम होता है कि मैं कभी किसी को दुःख नहीं चहुंचा सकता। अगर मैंने अपने मिलने वालों में से या किसी दोस्त को नाख़ुश किया है तो इसका कारण मैं नहीं हूं बल्कि ये ख़ास क्षण हैं जब

मैं दीवाने से कम नहीं होता या तुम्हारे शब्दों में 'शैतान' होता हूं, जैसे यह शब्द बहुत सख़्त है और इसका इतलाक़ मेरी दीवांगी पर नही हो सकता।

जब तुम्हारा पिछले से पिछला ख़त मिला था, उस वक़्त मेरा नातिक़ वजूद जज़्बाती वजूद पर ग़ालिब था और मैं अपने दिल के नर्मो-नाज़ुक गोश्त को पत्थर में तब्दील करने की कोशिश कर रहा था। मैं पहले ही से अपने सीने की आग में फूंका जा रहा था कि ऊपर से तुम्हारे ख़त ने तेल डाल दिया।

तुमने बिल्कुल ठीक कहा है "तुम दर्दमंद दिल रखते हो, गो उसको अच्छा नहीं समझते।" मैं उसको अच्छा क्यों नहीं समझता... इस सवाल का जवाब हिन्दुस्तान का मौजूदा इंसानियत कुश निज़ाम है जिसमें लोगों की जवानी पर बुढ़ापे की मुहर लगा दी जाती है।

मेरा दिल दर्द से भरा होता है, और यही वजह है कि मैं बीमार हूं और बीमार रहता हूं। जब तक दर्दमंदी मेरे सीने में मौजूद है, मैं हमेशा बेचैन रहूंगा। तुम शायद इसे मुबालग़ा यक़ीन करो मगर ये संभव है कि दर्दमंदी मेरी लहू की बूंदों से अपनी ख़ोराक़ हासिल कर रही है, और एक दिन ऐसा आएगा जब दर्द ही दर्द रह जाएगा और तुम्हारा दोस्त दुनिया की नज़रों से ग़ायब हो जाएगा। मैं अक्सर सोचता हूं कि दर्दमंदी के इस जज़्बे ने मुझे कैसे-कैसे भयानक दुख पहुंचाए हैं। ये क्या कम है कि मेरे जवानी के दिन बुढ़ापे की रातों में तब्दील हो गए हैं। और जब ये सोचता हूं तो इस बात का तहैया करने पर मजबूर हो जाता हूं कि मुझे अपना दिल पत्थर बना लेना चाहिए। लेकिन अफ्सोस है इस दर्दमंदी ने मुझे इतना कमज़ोर बना दिया है कि मुझ से ये नहीं हो सकता, और चूंकि मुझ से ये नहीं हो सकता इसलिए मेरी तबीयत में अजीबो-ग़रीब कैफ़ियतें पैदा हो गई हैं।

शेर मैं अब भी सही नहीं पढ़ सकता, इसलिए कि शायरी से मुझे बहुत कम दिलचस्पी रही है। लेकिन मुझे इस बात का कामिल तौर पर एहसास है कि मेरी तबीयत शायरी की तरफ़ माइल है। शहर में बसने वाले लोगों की "वज़नी शायरी" मुझे पसंद नहीं। देहात के हल्के-फुल्के नग़मे मुझे बेहद भाते हैं। 'ये इस क़द्र साफ़ होते हैं कि उनके पीछे दिल धड़कते हुए नज़र आ सकते हैं। तुम्हें हैरत है कि मैं "रूमानी हजीना" क्यों कर लिखने लगा और मैं इस बात पर खुद हैरान हूं। कुछ लोग ऐसे हैं जो अपने महसूसात को दूसरों की ज़बान में बयान कर के अपना सीना ख़ाली करना चाहते हैं। ये लोग मनमस्तिष्क से ग़रीब हैं और मुझे उनपर तरस आता है।

ये मानसिक दुर्बलता, वित्तीय ग़रीबी से ज़्यादा तकलीफदेह है। मैं माली तौर पर ग़रीब हूं मगर खुदा का शुक्र है ज़ेहनी मुफ़लिस नहीं हूं, वर्ना मेरी मुसीबतों की कोई हद नहीं होती। मुझे ये कितना बड़ा इत्मीनान है कि मैं जो कुछ महसूस करता हूं, वही अपनी ज़बान में बयान कर लेता हूं।

"मुझ" पर मज़मून लिखकर किया करोगे प्यारे! मैं अपने क़लम की नोक से अपना लिबास पहले से ही तार-तार कर चुका हूं। ख़ुदा के लिए मुझे और नंगा करने की कोशिश न करो। मेरे चेहरे से अगर तुमने नक़ाब उठा दी तो तुम दुनिया को एक बहुत ही भयानक शक्ल दिखाओगे। मैं हड्डियों का एक ढांचा हूं, जिस पर मेरा क़लम कभी-कभी पतली झिल्ली मंढता रहता है। अगर तुमने झिल्लियों की यह तह उधेड़ डाली तो मेरा ख़्याल है जो हैबत तुम्हें मुंह खोले नज़र आएगी, उसे देखने की शक्ति तुम ख़ुद में न पाओगे।

मेरी कश्मीर की ज़िन्दगी, हाय मेरी कश्मीर की ज़िन्दगी! मुझे मालूम है। तुम्हें मेरी ज़िन्दगी के इस ख़ुशगवार टुकड़े के मुतल्लिक़ किस की बातें मालूम होती रही हैं। ये बातें जिन लोगों के द्वारा तुम तक पहुंची हैं, उनको सुन कर अभी तक कोई सही राय मुरत्तिब नहीं कर सके। लेकिन मैं ये ज़रूर कहूंगा कि ये कहने के बावजूद तुमने एक राय मुरत्तिब की है और ऐसा करने में बहुत उजलत से काम लिया है।

अगर तुम मेरी तमाम तहरीरों को पेशनज़र रख लेते तो तुम्हें ये ग़लतफहमी हर्गिज़ न होती कि मैं कश्मीर में एक सादा लौह लड़की से खेलता रहा। मेरे दोस्त तुमने मुझे सदमा पहुंचाया है।

वज़ीर कौन थी... इसका जवाब मुख़्तसर यही हो सकता है कि वो एक देहाती लड़की थी। जवान और पूरी जवान! उस पहाड़ी लड़की के मतुल्लिक़ जिसने मेरी किताबे-ज़िन्दगी के कुछ पन्ने पर चंद हसीन नक़ूश बनाए हैं। मैं बहुत कुछ कह चुका हूं।

मैंने वज़ीर को तबाह नहीं किया। अगर 'तबाही' से तुम्हारा मुराद 'जिस्मानी तबाही' है तो वो पहले ही से तबाहशुदा थी और वो इसी तबाही में अपनी मुसर्रत की जुस्तुजू करती थी। जवानी के नशे में चूर उसने इस ग़लत ख़्याल को अपने दिमाग़ में जगह दे रखी थी कि ज़िन्दगी का असल ख़त और लुत्फ़ अपना ख़ून खौलाने में है, और वो इस गर्ज़ के लिए हर वक़्त ईंधन चुनती रहती थी। ये तबाहकुन ख़्याल उसके दिमाग़ में कैसे पैदा हुआ, इसके मतल्लिक़ बहुत कुछ कहा जाता है। हमारी सिन्फ़ में ऐसे लोगों

की कमी नहीं जिनका काम भोली-भाली लड़कियों से खेलना होता है, जहां तक मेरा अपना ख़्याल है वज़ीर इस का शिकार थी जिसे तहज़ीबो-तमद्दुन की बदौलत शहरों से उसका परिचय करा दिया गया है। दूसरे शब्दों में शहरों की गंदगी इस जगह मुंतक़िल होना शुरू हो गई है।

ख़ाली स्लेट पर तुम जो कुछ भी लिखोगे, स्पष्ट रूप से नज़र आएगा और साफ़ पढ़ा जायेगा। वज़ीर का सीना बिल्कुल ख़ाली था। दुनिया के ख़्यालों से पाक और साफ़ लेकिन तहज़ीब के खुर्दरे हाथों ने इस पर निहायत भद्दे नक्श बना दिये थे जो मुझे इसकी ग़लत रविश का कारण नज़र आते हैं।

वज़ीर का मकान या झोपड़ा सड़क के ऊपर की ढलान में बना था और मैं उसकी मां के कहने पर हर रोज़ उससे ज़रा ऊपर चीड़ के दरख़्तों की छांव में ज़मीन पर दरी बिछा कर कुछ लिखा पढ़ा करता था, और आम तौर पर वज़ीर मेरे पास ही अपनी भैंस चराया करती थी। चूंकि होटल से हर रोज़ दरी उठा कर लाना और फिर उसे वापस ले जाना मेरी जैसे आदमी के लिए एक 'अज़ाब' था, इसलिए मैं उसे उनके मकान में ही छोड़ जाता था, एक रोज़ का वाक़िया है कि मुझे नहाने में देर हो गई और मैं टहलता-टहलता पहाड़ी के सख़्त रास्तों को तय कर के जब उनके घर पहुंचा और दरी तलब की तो उसकी बड़ी बहन की ज़बानी मालूम हुआ कि वज़ीर दरी लेकर ऊपर चली गई है। ये सुनकर मैं और ऊपर चढ़ा और जब इस बड़े पत्थर के क़रीब आया जिसे मैं मेज़ के तौर पर इस्तेमाल करता था तो मेरी निगाहें वज़ीर पर पड़ीं। दरी अपनी जगह पर बिछी हुई थी और वो अपना दोपट्टा ताने सो रही थी। मैं देर तक पत्थर पर बैठा रहा। मुझे मालूम था कि वो सोने का बहाना कर के लेटी है शायद उसका ख़्याल था कि मैं उसे जगाने की कोशिश करूंगा और वो गहरी नीन्द का बहाना कर के जागने में देर करेगी, लेकिन मैं ख़ामोश बैठा रहा, बल्कि अपने चिर्मी थैले से एक किताब निकाल कर उसकी तरफ़ पीठ कर के पढ़ने में व्यस्त हो गया। जब आधा घंटा इसी तरह बीत गया तो वो मजबूर होकर जागी। अंगड़ाई लेकर उसने अजीब-सी आवाज़ मुंह से निकाली। मैंने किताब बन्द कर दी और मुड़ के उससे कहा:

"मेरे आने से तुम्हारी नीन्द तो ख़राब नहीं हुई?"

वज़ीर ने आंखें मल कर लहजे को ख़्वाब आलूद बनाते हुए कहा: "आप कब आये थे।"

"अभी-अभी आ के बैठा हूं। सोना है तो सो जाओ।"

"नहीं। आज निगोड़ी नीन्द को जाने क्या हो गया। कमर सीधी करने के लिए यहां लेटी थी कि बस सो गई... दो घंटे से क्या कम सोई होऊंगी।"

उसके गीले होंठों पर मुस्कुराहाट खेल रही थी और उसकी आंखों से जो कुछ बाहर झांक रहा था, उसको मेरा क़लम बयान करने से आजिज़ है। मेरा ख़्याल है इस वक़्त उसके दिल में ये एहसास करवटें ले रहा था कि उसके सामने एक मर्द बैठा है और वो औरत है... जवान औरत... शबाब की उमंगों का उबलता हुआ चश्मा।

थोड़ी देर के बाद वो ग़ैरमामूली बातूनी बन गई और बहक-सी गई। मगर मैंने उसकी भैंस और बछड़े का ज़िक्र छेड़ने के बाद एक दिलचस्प कहानी सुनाई जिसमें एक बछड़े से उसकी मां की उल्फ़त का ज़िक्र था। इससे उसकी आंखों में वो शरारे सर्द हो गए जो कुछ पहले लपक रहे थे।

मैं ज़ाहिद नहीं हूं, और न मैंने कभी दावा किया है। गुनाहो-सवाब और सज़ाओ-जज़ा के मतल्लिक़ मेरे ख़्यालात दूसरों से अलग हैं, और यक़ीनन तुम्हारे ख़्यालात से भी बहुत मुख़्तलिफ़ हैं। मैं इस वक़्त इन बहसों में नही पड़ना चाहता, इसलिए कि इसके लिए दिल को सकून और वक़्त चाहिए। इस सिलसिले में एक वाक़िया बयान करता हूं जिससे तुम मेरे ख़्यालात के मुतल्लिक़ कुछ अंदाज़ा लगा सकोगे।

बातों-बातों में एक मर्तबा मैंने अपने दोस्त से कहा कि हुस्न अगर पूरे शबाब और जोबन पर हो तो वो दिलकशी खो देता है। मुझे अब भी इस ख़्याल पर ईमान है, मगर मेरे दोस्त ने उसे अर्थहीन तक बताया। मुम्किन है तुम्हारी निगाह में भी ये अर्थहीन हो। मगर मैं तुम से अपने दिल की बात कहता। उस हुस्न ने मेरे दिल को अपनी तरफ़ राग़िब नहीं किया जो पूरे शबाब पर हो। उसको देखकर मेरी आंखें ज़रूर चुंधिया जाएंगी, मगर इसका ये अर्थ नहीं कि उस हुस्न ने अपनी तमाम कैफ़ियतें मेरे दिलो-दिमाग पर छाप दी हैं। शोख़ और भड़कीले रंग उस बुलंदी तक भी नहीं जा सकते जो नर्मो-नाज़ुक जिस्म को हासिल है। वो हुस्न यक़ीनन क़ाबिले-एहतराम है जो धीरे-धीरे निगाहों मेंसमा कर दिल में उतर जाए। रौशनी का वो शोला दिल के बजाये दूसरे अंगों को प्रभावित करता है... लेकिन इस फ़िज़ूल बहस में पड़ने से क्या फायदा।

मैं कह रहा था मैं 'ज़ाहिद' नहीं हूं, और ये कहते वक़्त मैं दबी ज़बान में बहुत-सी चीज़ों को मान भी रहा हूं। लेकिन उस पहाड़ी लड़की से जो

जिस्मानी लज़्ज़तों की दिलदादा थी, मेरे सम्बंध सिर्फ जेहनी और रूहानी थे। मै शायद ये नहीं बताया कि मैं इस बात का क़ायल हूं कि अगर औरत से दोस्ती की जाये तो उसके अन्दर नुदरत होनी चाहिए। उससे इस तरह मिलना चाहिए कि वो तुम्हें दूसरों से बिल्कुल अलग समझने पर मजबूर हो जाये। उसे तुम्हारे दिल की हर धड़कन में ऐसी सदा सुनाई दे जो उसके कानों के लिए नई हो।

औरत और मर्द... और उसका शारीरिक सम्बंध हर बालिग़ आदमी को मालूम है। लेकिन माफ़ करना ये रिश्ता मेरी नज़रों में बेकार हो चुका है। उसमें यक्सर हैवानियत है। मैं पूछता हूं अगर मर्द को अपनी मुहब्बत का मरकज़ किसी औरत ही को बनाना है तो वो इंसानीयत के इस पवित्र जज़्बे में हैवानियत को क्यों दाख़िल करे... क्या उसके बिना मुहब्बत की पूर्ति नहीं हो सकती... क्या जिस्म के कठिन परिश्रम का नाम मुहब्बत है?

वज़ीर इस ग़लतफहमी में थी कि जिस्मानी लज़्ज़तों का नाम मुहब्बत है और मेरा ख़्याल है जिस मर्द से भी वो मिलती थी, वो मुहब्बत की परिभाषा उन्हीं शब्दों में बयान करती थी। मैं उससे मिला और उसके तमाम ख़्यालात की ज़िद बन कर मैंने उससे दोस्ती पैदा की। उसने अपना शोख़ रंग ख़्वाबों की ताबीर मेरे वजूद में तलाश करने की कोशिश की मगर उसे मायूसी हुई। लेकिन चूंकि वो ग़लत होने के साथ-साथ मासूम थी, मेरी सीधी-सीधी बातों ने इस मायूसी को हैरत में तब्दील कर दिया। और धीर-धीरे उसकी ये हैरत इच्छा का रूप धारण कर गया कि वो इस नई रस्म की गहरायइयों से परिचित हो सके। ये इच्छा अवश्य ही एक पवित्र मासूमियत में तब्दील हो जाती है और वो अपनी स्त्रीत्व को फिर से प्राप्त कर लेती है जिसे वो ग़लत रास्ते पर चल कर खो बैठी थी, लेकिन अफ़्सोस है मुझे इस पहाड़ी गांव से जैसे गीली आंखों के साथ अपने शहर वापस आना पड़ा।

मुझे वो अक्सर याद आती है... क्यों... इसलिए कि रुख़्सत होते वक़्त उसकी आवाज़ मुस्कुराती आंखों में दो छलकते आंसू बता रहे थे कि वो मेरे जज़्बे से कितना प्रभावित हो चुकी है और प्रेम की एक छोटी-सी किरन उसके सीने के अंधकार में प्रवेश हो चुकी है। काश! मैं वज़ीर को प्रेम की तमाम गहराइयों से परिचित करा सकता और क्या पता है कि ये पहाड़ी लड़की मुझे वो चीज़ भेंट कर देती जिसकी तलाश में मेरी जवानी बुढ़ापे के ख़्वाब देख रही है।

ये है मेरी दास्तान जिसमें तुम्हारे कहने के अनुसार लोग अपनी दिलचस्पी का सामान तलाश करते हैं... तुम नहीं समझते, और न ये लोग समझते हैं कि मैं ये दास्तानें क्यों लिखता हूं... फिर कभी समझाऊंगा।

शादां

ख़ान बहादुर मुहम्मद असलम खां के घर में खुशियां खेलती थीं। और वास्तविक अर्थों में खेलती थीं। उनकी दो लड़कियां थी एक लड़का। और बड़ी लड़की की उम्र तेरह बरस की होगी तो छोटी की यही ग्यारह साढ़े ग्यारह और जो लड़का था, सब से छोटा मगर क़द-काठ के लिहाज़ से वो अपनी बड़ी बहनों के बराबर मालूम होता था।

तीनों की उम्र जैसा कि इस दौर से गुज़र रही थी जबकि हर आस-पास की चीज़ खिलौना मालूम होती थी। हादसे भी यों आते हैं, जैसे रबड़ के उड़ते हुए गुब्बारे। इनसे भी खेलने को जी चाहता है।

ख़ान बहादुर मुहममद असलम का घर खुशियों का घर था। इसमें सबसे बड़ी तीन खुशियां, उसकी औलाद थीं। फरीदा, सईदा और नजीब। ये तीनों स्कूल जाते थे जैसे खेल के मैदान में जाते हैं। हंसी ख़ुशी जाते थे हंसी खुशी वापस आते थे और परिक्षा में यूं पास करते थे जैसे खेल में कोई एक दूसरे से बाज़ी ले जाए। कभी फरीदा फर्स्ट आती थी, कभी नजीब और कभी सईदा।

ख़ान बहादुर मोहम्मद असलम ख़ां बच्चों से संतुष्ट, रिटायर्ड ज़िन्दगी बसर कर रहे थे उन्होंने कृषि विभाग में बत्तीस वर्ष नौकरी की थी। मामूली ओहदे से बढ़ते-बढ़ते वह ऊंचे स्थान पर पहुंच गए थे। इस दौरान में उन्होंने बड़ी मेहनत की थी, दिन रात दफतरी काम किए थे। अब वह सुस्ता रहे थे। अपने कमरे में किताबें ले कर पड़े रहते और अध्ययन में व्यस्त रहते। फ़रीदा, सईदा और नजीब कभी-कभी मां का कोई पैग़ाम लेकर आते तो वह उसका जवाब भेजवा देते।

रिटायर होने के बाद उन्होंने अपना बिस्तर वहीं अपने कमरे में लगवा लिया था। दिन की तरह उनकी रात भी यहीं गुज़रत थी। दुनिया के झगड़ों से बिल्कुल अलग। कभी-कभी उनकी बीवी अधेड़ उम्र की औरत थी उनके पास आ जाती और चाहती थी वह उससे दो घड़ी बातें करें मगर वह जल्द ही उसे किसी बहाने से टाल देते। यह बहाना फरीदा और सईदा के दहेज से सम्बन्धित होता जाओ, यह उम्र चोंचले बघारने की नहीं। घर में दो जवान बेटियां हैं, इनके दान दहेज की फिक्र करो। सोना दिनो-दिन मंहगा हो रहा है। दस-बीस तोले खरीद कर क्यों नहीं रख लेती। वक़्त आएगा तो फिर चीखोगी हाय अल्लाह, ख़ाली जेवरों पर इतना रूपया उठ रहा है।"

या फिर वो कभी उससे ये कहते "फ़रखंदा ख़ानम। मेरी जान हम बुड्ढ़े हो चुके हैं। तुम्हें अब मेरी फिक्र और मुझे तुम्हारी फिक्र एक बच्चे की तरह करनी चाहिए मेरी सारी पगड़ियां पुरानी हो चुकी हैं मगर तुम्हें इतनी तौफीक़ नहीं हुई कि मलमल के दो थान ही मंगवा लो। दो नहीं चार। तुम्हारे और बच्चियों के दोपट्टे भी बन जाएंगे। मेरी समझ में नहीं आता कि तुम चाहती क्या हो? और हां वो मेरी मिस्वाकें ख़त्म हो गई हैं।"

फ़रखंदा, खान बहादुर के पलंग पर बैठ जाती और बड़े प्यार से कहती। "सारी दुनयिा ब्रश इस्तेमाल करती है। आप अभी तक पुरानी लकीर के फ़क़ीर बने हैं।"

ख़ान बहादुर के लहजे में नर्मी आ जाती। "नहीं फ़रखंदा ख़ानम! यह ब्रश और टूथ पेस्ट सब बेकार की चीज़ें हैं।"

फ़रखंदा के अधेड़ चेहरे पर कलेरों की कोड़ियां और मूलियां सी बिखर जातीं। मगर सिर्फ एक लहजा के लिए। खान बहादुर उसकी तरफ देखते और बाहर सेहन में बच्चों के खेल-कूद का शोर-गुल सुनते हुए कहते "फ़रख़ंदा। तो कल मलमल की थान आ जाएं। और लट्ठे के भी लेकिन तुरन्त ही मालून नहीं क्यों उनके बदन पर झुरझुरी-सी दौड़ जाती और वो फ़रख़ंदा को मना कर देते" नहीं-नहीं, लट्ठा मंगवाने की अभी ज़रूरत नहीं।" बाहर सेहन में बच्चे खेल-कूद में व्यस्त होते। तीसरे पहर को शादां अक्सर उनके साथ होती। यह नई नई आई थी, लेकिन उनमें तुरन्त ही घुल-मिल गई थीं। सईदा और फरीदा तो इसके इन्तेज़ार में रहती थी कि वह कब आए और सब मिल कर "लुकन-मैटी" या "खिद्दू" खेले।

शादां के मां-बाप ईसाई थे मगर जब से शादां ख़ान बहादुर के घर में दाख़िल हुई थी फ़रीदा की मां ने उसका असली नाम बदल कर शादां रख

दिया था। इसलिए कि वह बड़ी हंसमुख लड़की थी और उसकी बच्चियां उससे प्यार करने लगी थीं।

शादां जब सुबह-सवेरे आती तो फरीदा, और नजीव स्कलू जाने की तेयारियों में व्यस्त होते। वह उससे बातें करना चाहते मगर मां उनसे कहती "बच्चो जल्दी करो। स्कूल का वक़्त हो रहा है।"

और बच्चे जल्दी-जल्दी तैयारी से फारिग़ होकर शादां को सलाम कहते हुए स्कूल चले जाते।

तीसरे पहर के करीब शादां जल्दी-जल्दी मुहल्ले के दूसरे कामों से फारिग़ होकर आ जाती और फरीदा, सईदा और नजीब खेल में व्यस्त हो जाते और इतना शोर मचता कि कभी-कभी ख़ान बहादुर को अपने कमरे से नौकर के ज़रिए से कहलवाना पड़ता। कि शोर ज़रा कम किया जाए। यह हुक्म सुनकर शादां सहम कर अलग हो जाती मग़र सईदा और फ़रीदा उससे कहती। कोई बात नहीं शादां। हम इससे भी ज़्यादा शोर मचाएं तो वो अब कुछ नहीं कहेंगे। एक से ज्यादा बार वो कोई बात नहीं कहा करते। और खेल फिर शुरू हो जाता। कभी लुकन-मैटी, कभी खिद्दू और कभी लुड्डू।"

लुड्डू शादां को बहुत पसंद थी, इसलिए कि यह खेल इसके लिए नया था। जबसे नजीब लुड्डू लाया था शादां इसी खेल पर मुसिर होती। मगर फरीदा, सईदा और नजीब तीनों को ये पसन्द नहीं था। इसलिए कि इसमें कोई हंगामा बरपा नहीं होता। बस वो जो चट्टो-सा होता है। इसमें पांसा हिलाते और फेंकते रहो और अपनी गोटी आगे पीछे करते रहो।

शादां खुली-खुली रंगत की दर्मियाने कद की लड़की थी। उसकी उम्र फरीदा जितनी होगी मगर इसमें जवानी नुमायां थी। जैसे ख़ुद जवानी ने अपनी शोखियों पर लाल पेंसिल के निशान लगा दिए हैं। सिर्फ शरारत के लिए वर्ना फरीदा और सईदा में वो तमाम रंग, वो तमाम लकीरें, वो तमाम गुण मौजूद थे जो इस उम्र की लड़कियों में होती हैं। लेकिन फरीदा, सईदा और शादां जब पास-पास खड़ी होतीं तो शादां की जवानी जेरे-लब कुछ गुनगुनाती मालूम होती।

खिली-खिली रंगत। परेशान बाल और धड़कता हुआ दोपट्टा जो कस कर इसने अपने सीने और कमर के इर्द-गिर्द बांधा होता ऐसी नाक जिसके नथुने गोया हवा में अनजानी सुगंध ढूंढने के लिए कांप रहे हैं। कान ऐसे जो ज़रा-सी आहट पर चौंक कर सुनने के लिए तैयार हों।

चेहरे के ख़द्दो-ख़ाल में कोई खूबी नहीं थी। अगर कोई ऐब गिनने लगता तो बड़ी आसानी से गिन सकता था। सिर्फ इसी सूरत में अगर उसका चेहरा उसके जिस्म से अलग करके रख दिया जाता। मगर ऐसा किया जाना ना मुम्किन था। इसलिए कि इसके चेहरे और इसके बक़ाया जिस्म का चोली दाम का साथ था जिस तरह चोली अलग करने पर जिस्म के आसार इसमें बाक़ी रह जाते हैं। इसी तरह इसके चेहरे पर भी रह जाते हैं और उसको फिर उसके असल रूप ही में देखना पड़ता।

शादां बेहद फुर्तीली थी। सुबह आती और यूं मिनटा-मिनटी में अपना काम ख़त्म करके यह जा वह जा। तीसरे पहर को आती। घंटा डेढ़ घंटा वहीं खेल में व्यस्त रहती जब ख़ान बहादुर की बीवी आख़िरी बार चिल्लाकर कहती। "शादां अब खुदा के लिए काम करो।" तो वो वहीं खेल बन्द करके अपने काम में व्यस्त हो जाती। टोकरा उठाती और दो-दो ज़ीने एक बार में तय करके कोठे पर पहुंच जाती। वहां से फारिग़ होकर धड़-धड़ नीचे उतरती और सेहन में झाड़ देना शुरू कर देती।

इसके हाथ में फुर्ती और सफाई दोनों चीज़ें थीं। ख़ान बहादर और उसकी बीवी फ़रख़ंदा को सफाई का बहुत ख़्याल था, लेकिन मजाल है जो शादां ने कभी उनको शिकायत का मौक़ा दिया हो। यही वजह है कि वो उसके खेल कूद पर नाराज़ नहीं होते थे। यूं भी वो इसको प्यार की नज़रों से देखते थे। रौशन ख़्याल थे, इसलिए छूतछात उनके नज़दीक बिल्कुल बेकार थी।

शुरू-शुरू में ख़ान बहादुर की बीवी ने इतनी इजाज़त दी थी कि लुकन मैटी में अगर कोई शादां को छुए तो लकड़ी इस्तेमाल करे और अगर वो छुए तो भी लकड़ी का टुकड़ा इस्तेमाल करे लेकिन कुछ देर बाद यह शर्त हटा दी गई और शादां से कहा गया कि वह आते ही साबुन से अपना मुंह हाथ धो लिया करे।

जब शादां की मां कमाने के लिए आती थी तो ख़ान बहादुर अपने कमरे की किसी चीज़ को छूने नहीं देते थे, मगर शादां को इजाज़त थी कि वो सफाई के वक़्त चीज़ों की झाड़-पोंछ भी कर सकती है।

सुबह-सुबह पहले शादां ख़ान बहादुर के कमरे की सफाई करती थी। वो अखबार पढ़ने में व्यस्त होते। शादां हाथ में ब्रश लिए आती तो उनसे कहती "ख़ान बहादुर साहेब ज़रा बरामदे में चले जाएं।"

ख़ान बहादुर, अख़बार से नज़रें हटा कर उसकी तरफ़ देखते शादां

तुरन्त उनके पलंग के नीचे से उनके स्लीपर उठा कर उनको पहना देती और वो बरामदे में चले जाते।

जब कमरे की सफाई और झाड़ पोंछ हो जाती तो शादां दरवाज़े की दहलीज़ के पास ही से कमरे में ज़रा-सा झांकने का खम पैदा करके ख़ान बहादुर को पुकारती "आ जाइए ख़ान बहादुर साहेब।"

ख़ान बहादुर साहेब अख़बार और स्लीपर खड़खड़ाते अन्दर आ जाते। और शादां दूसरे कामों में व्यस्त हो जाती।

शादां को काम पर लगे दो-महीने हो गए थे। ये गुज़रे तो ख़ान बहादुर की बीवी ने एक दिन यह महसूस किया कि शादां में कुछ तबदीली आ गई हो। उसने सरसरी सा ध्यान किया तो यही बात ध्यान में आई कि मुहल्ले के किसी नौजवान से आंख लड़ गई होगी।

अब वह ज़्यादा बन-ठन कर रहती थी। अगर वह पहले कोरी मलमल थी, तो अब ऐसा लगता था कि उसे वलफ़ लगा हुआ है। मगर यह किलफ़ भी कुछ ऐसा था जो मलमल के साथ अंगुलियों में चुना नहीं गया था।

शादां में लगातार परिवर्तन होता जा रहा था। पहले वह उतरन पहनती थी लेकिन अब उसके शरीर पर नए पोशाक नज़र आते थे। बड़े अच्छे फैशन के बड़े उमदा सिले हुए। एक दिन जब वह सफेद लट्ठे की शलवार और फूलों वाली जार्जेट की कमीज़ पहन कर आई तो फरीदा को बारीक कपड़े के नीचे सफ़ेद-सफेद गोल चीज़ें नज़र आईं।

लुकन मैटी हो रही थी। शादां दीवार के साथ मुंह लगाकर ज़ोर से अपनी आंखें मींची हुईं थीं। फरीदा ने उसकी कमीज़ के नीचे सफेद गोल चीज़ें देखी थीं। वह बोखलाई हुई थी। जब शादां ने पुकारा। छुप गए?" तो फरीदा ने सईदा को बाजू से पकड़ा और घसीट कर कमरे में ले गई और धड़कते हुए दिल से उसके कान में कहा। "सईदा तुमने देखा क्या पहना हुआ था।"

सईदा ने पूछा "किसने?"

फरीदा ने उसके कान ही में कहा "शादां ने?"

"किया पहना हुआ था?"

"क्या पहना हुआ था?"

फरीदा को जवाबी सरगोशी सईदा के कान में गड़ाप से गोता लगा गई जब उभरी तो सईदा ने अपने सीने पर हाथ रखा और एक भींची-भींची हैरत की "मैं" इसकी लवों से खुद को घसीटती हुई बाहर निकली।

दोनों बहनें कुछ देर खुसर-फुसर करती रहीं। इतने में धमाका सा हुआ और शादां ने उनको ढूंढ लिया। इस सईदा और फरीदा की तरफ से कायदे के मुताबिक़ चीखम-धाड़ होना चाहिए थी मगर वह चुप रही। शादां की खुशी की सिर्फ चीखें उसके हलक में रुक गईं।

फरीदा और सईदा कमरे के अन्धेरे कोने में कुछ सहमी-सहमी सी खड़ी थी। शादां भी क़दरे ख़ौफज़दा हो गई माहौल के अनुसार उसने अपनी आवाज़ दबा कर उनसे पूछा। "क्या बात है?"

फरीदा ने सईदा के कान में कुछ कहा सईदा ने फरीदा के कान में दोनों ने एक दूसरी को कोहनियों से ठोके दिए। आख़िर फरीदा ने कांपते हुए लहजे में शादां से कहा। "यह तुमने... यह तुमने कमीज़ के नीचे किया पहन रखा है?"

शादां के हल्क़ से हंसी के गोल-गोल टुकड़े निकले।

सईदा ने पूछा। "कहां से ली तूने यह?"

शादां ने जवाब दिया। "बाज़ार से?"

फरीदा ने बड़े उत्सुकता से पूछा। "कितने में?"

दस रूपये में।

दोनों बहनें एक दम चिल्लाते-चिल्लाते रुक गईं। इतनी महंगी? शांदा ने सिर्फ इतना कहा। "क्या हम ग़रीब दिल को अच्छी लगने वाली चीज़ नहीं खरीद सकते?"

इस बात ने तुरन्त ही सारी बात ख़त्म कर दी। थोड़ी देर ख़ामोशी रही इसके बाद फिर खेल शुरू हो गया।

खेल जारी था, यह ख़ान बहादुर की बीवी की समझ में नहीं आता था। अब तो शादां अच्छे क़िस्म का तेल बालों में लगाती थी। पहले नंगे पांव होती थी, लेकिन अब उसके पैरों में उसने सैंण्डल देखे।

खेल यक़ीनन जारी था। मगर ख़ान बहादुर की बीवी को समझ में यह बात नहीं आती थी कि अगर खेल जारी है तो इसकी आवाज़ शादां के जिस्म से क्यों नहीं आती। ऐसे खेल बेआवाज़ और वे निशान तो नहीं हुआ करते। यह कैसा खेल है जो सिर्फ़ कपड़े का गज़ बना हुआ है।

उसने कुछ देर इस सम्बंध में सोचा, लेकिन फिर सोचा कि क्यों बेकार में मग़ज़ पाशी करे। ऐसी लड़कियां ख़राब हुआ करती हैं और कितनी दास्तानें हैं जो उनकी खराबियों से वाबस्ता हैं और शहर में गली कूचों में इन्ही की तरह रूलती फिरती हैं।

फरीदा की एक सहेली की शादी थी। उसकी मां ख़ान बहादुर की बीवी की मुंह बोली बहन थी। इसलिए सबकी शिर्कत लाज़मी थी। घर में सिर्फ ख़ान बहादुर थे सर्दी का मौसम था। रात को ख़ान बहादुर की बीवी को ख़्याल आया कि अपनी गरम शाल मंगवा ले पहले तो उसने सोचा कि नौकर को भेज दे मगर वह ऐसे सन्दूक़ में पड़ी थी जिसमें ज़ेवरात भी थे। इसलिए उसने नजीब को साथ लिया और अपने घर आई। रात के दस बज चुके थे। उसका ख़्याल था कि दरवाज़ा बन्द होगा, इसलिए उसने दस्तक दी जब किसी ने न खोला तो नजीब ने दरवाज़े को हल्के से धक्का दिया। वह खुल गया।

अन्दर दाख़िल होकर उसने सन्दूक़ से शाल निकाली और नजीब से कहा। "जाओ देखो तुम्हारे अब्बा किया कर रहे हैं। उनसे कह देना कि तुम तो अभी थोड़ी देर के बाद लौट आओगे, लेकिन हम सक कल सुबह आएंगे। जाओ बेटा।"

संदूक़ में चीज़ क़रीने से रख कर वह ताला लगा रही थी कि नजीब वापस आया और कहने लगा– "अब्बा जी तो अपने कमरे में नहीं हैं।"

अपने कमरे में नहीं हैं तो कहां हैं? ख़ान बहादुर की बीवी ने ताला बन्द किया और चाबी अपने बेग में डाली तुम यहां खड़े रहो, मैं अभी आती हूं।

"यह कह कर वह अपने शौहर के कमरे में गई जो कि ख़ाली था मगर बत्ती जल रही थी बिस्तर पर से चादर गायब थी। फर्श धुला था। एक अजीब किस्म की बू कमरे बसी हुई थी। ख़ान बहादुर की बीवी चकरा गई कि क्या मुआमला है। पलंग के नीचे झुक कर देखा। मगर वहां कोई भी नहीं था। लेकिन एक चीज़ थी। उसने रेंगकर उसे पकड़ा और निकाल कर देखा। ख़ान बहादुर की मोटी मिस्वाक थी–

इतने में आहट हुई। ख़ान बहादुर की बीवी ने मिस्वाक छुपा ली। ख़ान बहादुर अन्दर दाख़िल हुए और उनके साथ ही मिट्टी के तेल की बू उनका रंग पीला था जैसे सारा लहू निचुड़ चुका हो।

कांपती हुई आवाज़ में ख़ान बहादुर ने अपनी बीवी से पूछा। "तुम यहां क्या कर रही हो?"

"कुछ नहीं शाल लेने आई थी। मैंने सोचा आप को देखती चलूं।"

"जाओ।"

ख़ान बहादुर की बीवी चली गई। थोड़ी दूर सहन में चली होगी कि

उसे दरवाज़ा बन्द करने की आवाज़ आई वह बहुत देर तक अपने कमरे में बैठी रही फिर नजीब को लेकर चली गई।

दूसरे दिन फरीदा को सहेली के घर ख़ान बहादुर की बीवी को यह ख़बर मिली कि ख़ान बहादुर गिरफ़्तार हो गए हैं। जब उसने पता किया तो मालूम हुआ कि जुर्म बहुत संगीन है। शादां जब घर पहुंची तो लहूलहान थी। वहां पहुंचते वह बेहोश हो गई। उसके मां-बाप उसे अस्पताल ले गए। पुलिस साथ थी। शादां को वहां थोड़ी देर के लिए होश आया और उसने सिर्फ ख़ान बहादुर कहा उसके बाद वह ऐसी बेहोश हुई कि हमेशा के लिए सो गई।

जुर्म बहुत संगीन था। जांच पड़ताल हुआ मुक़दमा चला। नालिश के पास कोई चशमदीद गवाह मौजूद नहीं थी एक सिर्फ लहू में लिथड़े हुए कपड़े थे और वो शब्द जो उसने मरने से पहले अपने मुंह से अदा किए थे। लेकिन इसके बावजूद 'इस्तिग़ासे' को पक्का यक़ीन था कि मुजरिम ख़ान बहादुर है, क्योंकि एम गवाह ऐसा था जिसने शादां को शाम के समय ख़ान बहादुर के घर की तरफ जाते देखा था।

सफाई के गवाह सिर्फ दो थे। ख़ान बहादुर की बीवी और एक डाक्टर। डॉक्टर ने कहा कि ख़ान बहादुर इस काबिल ही नहीं कि वह किसी औरत से ऐसा रिश्ता कायम कर सके। शादां का तो सवाल ही नहीं पैदा होता कि वह नाबालिग़ थी। उसकी बीवी ने इसकी तसदीक़ की।

ख़ान बहादुर मुहम्मद असलम ख़ान बरी हो गए। मुकदमे में उन्हें बहुत परेशानी उठानी पड़ी। बरी हो कर जब घर आए तो उनकी ज़िन्दगी के मामूल में कोई फर्क़ न आया। एक सिर्फ उन्होंने मिसवाक का इस्तेमाल छोड़ दिया।

लतिका रानी

वह ख़ूबसूरत नहीं थी। कोई ऐसी चीज़ जो अपने रूप में नहीं था जिसे आकर्षक कहा जा सके, लेकिन इसके बावजूद जब वह पहली बार फ़िल्म के पर्दे पर आई तो उसने लोगों के दिल माहे लिए और ये लोग जो उसे फिल्म के परदे ही पर नन्ही मुन्नी अदाओं के साथ बड़े नर्मो-नाज़ुक रूमानों में छोटी-सी तितली की तरह इधर से उधर और उधर से इधर थिरकते देखते थे, समझते थे के वो बहुत खूबसूरत है। उसके चेहरे मोरहे और उसके नाज़ नखरे में उनकी ऐसी कोशिश नज़र आती थी कि वह घंटों उसकी रोशनी में चकित मक्खियों की तरह भिनभिनाते रहते थे।

अगर किसी से पूछा जाता कि तुम्हें लतिका रानी की खूबसूरती में कौन-सी सबसे बड़ी विशेषता नज़र आती है जो उसे दूसरी एक्टरों से अलग हैसियत बख्शती है तो वह बिना संकोच यह कहता है कि उसका भोलपना और यह वाक़िया है कि पर्दे पर वह इनतिहा दर्जे की भोली दिखाई देती थी। उसको देख कर उसके सिवा कोई और ख़्याल दिमाग़ में आ ही नहीं सकता था कि वह भोली है। बहुत ही भोली। और जिन रूमानों के पसमन्ज़र के साथ वह पेश हुई थी उनके ताने-बाने यूं मालूम होता था किसी जुलाहे की अल्हड़ लड़की ने तैयार किए हैं।

वह जब भी पर्दे पर पेश हुई। एक मामूली अनपढ़ आदमी की बेटी के रूप में चमकीली दुनियां से दूर एक टूटा हुआ झोंपड़ा ही जिसकी सारी दुनिया थी किसी किसान की बेटी, किसी मज़दूर की बेटी, किसी कांटा बदलने वाली की बेटी। और वो इन किरदारों के खोल में यूं समा जाती थी जैसे गिलास में पानी।

लतिका रानी का नाम आते ही आंखों के सामने टख़नों से बहुत ऊंचा घाघरा पहने खींचकर ऊपर को हुई नन्ही-मुन्नी चोटी वाली, कम क़द की एक छोटी-सी लड़की आ जाती थी जो मिट्टी के छोटे-छोटे घरोंदे बनाने या बकरी के मासूम बच्चे के साथ खेलने में व्यस्त है। नंगे पांव, नंगे सर फ़ंसी-फंसी चोली में बड़े शाइराना नम्रता के साथ सीने का छोटा-सा उभार, सन्तुलित आंखें, शरीफ़-सी नाक, इसके सरापा में यूं समझिए कि दोशीज़गी का खुलासा हो गया था जो हर देखने वाले की समझ में आ जाता था पहले फिल्म में आते ही वह मशहूर हो गई और उसकी यह शोहरत अब तक क़ायम है हालांकि उसे फिल्मी दुनिया छोड़े एक मुद्दत हो चुकी है। अपनी फ़िल्मी ज़िन्दगी के दौरान में उसने शोहरत के साथ दौलत भी पैदा की। इस नपे-तुले अन्दाज़ में गोया उसको अपनी जेब में आने वाली हर पाई के आने की जानकारी थी और शोहरत के तमाम ज़ीने भी उसने इसी अन्दाज़ से तय किए कि हर आने वाले ज़ीने की तरफ़ उसका क़दम विश्वास के साथ उठा होता था।

लतिका रानी बहुत बड़ी अदाकार और अजीबो-ग़रीब औरत थी। इक्कीस वर्ष की उम्र में वह फ्रांस में शिक्षा प्राप्त कर रही थी तो उसने फ्रांसीसी भाषा के बजाय हिन्दुस्तानी भाषा सीखना शुरू कर दी। स्कूल में एक मद्रासी नौजवान को उससे मुहब्बत हो गई थी। उससे शादी करने का वह पूरा-पूरा फैसला कर चुकी थी लेकिन जब लन्दन गई तो उसकी मुलाक़ात एक अधेड़ उम्र के बंगाली से हुई जो वहां बैरिस्टरी पास करने की कोशिश कर रहा था। लतिका ने अपना इरादा बदल दिया और दिल में तय कर लिया कि वह उससे शादी करेगी और यह फैसला उसने बहुत सोच-विचार के बाद किया था। उसने बैरिस्टरी पास करने वाले अधेड़ उम्र बंगाली में वह आदमी देखा जो इसके ख़्वाबों की तकमील में हिस्सा ले सकता था। वह मद्रासी जिससे उसको मुहब्बत थी जर्मनी में फेफड़े के बीमारी की जांच व इलाज में महारत हासिल कर रहा था। उससे शादी करके ज़्यादा से ज़्यादा उसे अपने फेफड़ों की अच्छी देखभाल की ज़मानत मिल सकती थी। जो उसके लिए आवश्यक नहीं था। लेकिन प्रफुल्ल राय एक ख़्वाब साज़ था। ऐसा ख़्वाब साज़ जो बड़े देर पा ख़्वाब बुन सकता था और लतिका इसके चारों तरफ़ अपनी निसवानियत के बड़े मज़बूत जाले तन सकती थी।

प्रफुल्ल राय एक मध्यम घराने का व्यक्ति था। बहुत मेहनती। वह

चाहता तो कानून की बड़ी से बड़ी डिग्री तमाम विद्यार्थीयों से आगे रह कर प्राप्त कर सकता था मगर उसे इस ज्ञान से सख़्त नफ़रत थी। केवल अपने मां-बाप को खुश रखने के लिए वह डिनर्ज में हाज़री देता था। इसका दिलो दिमाग़ किसी और ही तरफ लगा रहता था। किस तरफ़? यह उसको मालूम नहीं था। वह रात में खोया-खोया-सा रहता था। उसको भीड़से सख़्त नफरत थी। पार्टियों से कोई दिलचस्पी नहीं थी। उसका सारा समय क़रीब-क़रीब अकेले में गुज़रता किसी चाय खाने में या अपनी बूढ़ी लैण्ड लेडी के पास बैठा वह घण्टों ऐसे क़िले बनाता रहता था जिनकी बुनियादें होती थी न फसीलें। मगर इसको यक़ीन था कि एक न एक दिन उससे कोई न कोई इमारत ज़रूर बन जाएगी जिसको देख कर वह खुश हुआ करेगा।

लतिका जब प्रफुल्ल राय से मिली तो चन्द मुलाक़ातें, ही में उसको मालूम हो गया कि यह बैरिस्ट्री करने वाला बंगाली मामूली आदमी नहीं दूसरे मर्द इससे दिलचस्पी लेते रहते थे इसलिए कि वो जवान थी, उनमें से अक्सर ने उसके हुस्न की तारीफ़ की थी लेकिन मुद्दत हुई वह उसका फैसला अपने खिलाफ़ कर चुकी थी। उसको मालूम था कि उनकी तारीफ महज़ रस्मी है। मद्रासी डाक्टर जो उससे सचमुच मुहब्बत करता था उसको सही मायनों में खूबसूरत समझता था। मगर लतिका समझती थी कि वह उसकी नहीं उसके फेफड़ों की तारीफ कर रहा है जो उसके कहने के अनुसार बे दाग थे। वह एक मामूली शक्लो-सूरत की लड़की थी बहुत ही मामूली शक्लो-सूरत को जिसमें जाज़बियत थी न कोशिश, उसने कई बार महसूस किया कि वह अधूरी सी है। इसमें बहुत-सी कमियां हैं जो पूरी तो हो सकती हैं मगर बड़ी छानी-बीन के बाद और वह भी उस समय जब उसको खारज़ी मदद हासिल हो।

प्रफुल्ल राय से मिलने के बाद लतिका ने महसूस किया था कि वह जो बज़ाहिर सिग्रेट पर सिग्रेट फूंकता रहता है असल में सिग्रेटों के परेशान धुऐं में अपने दिमाग़ की ग़ैर हाज़री के वाबजूद उसकी शक्लो-सूरत के तमाम हिस्से बिखेर कर उनको अपने तौर पर सवारने में व्यस्त रहता है। वह उसके बात करने का अन्दाज़ उसके होंटों की जुंबिश और उसकी आंखों की हरकत को सिर्फ़ अपनी नहीं दूसरों की आंखें से भी देखता है– फिर उनको उलट पुलट कर करता है और अपने ख्याल में बात करने का नया अन्दाज़, होटों की नई जुंबिशें और नई हरकत पैदा करता है। एक छोटा-सा परिवर्तन पर वह बड़े महत्वपूर्ण परिणाम की बुनियाद खड़ी करता है– और दिल ही

दिल में खुश होता है।

लतिका ज़हीन थी, उसको तुरन्त ही मालूम हो गया था कि प्रफुल्ल राय ऐसा निर्माता है– जो उसे इमारत का नक्शा बना कर नहीं दिखाएगा। वह उससे यह भी नहीं कहेगा कि ईंट उखाड़ कर कहां लगाई जाएगी तो इमारत का ऐब दूर होगा चुनांनचि उसने उसके ख़्यालात ही से सब हिदायतें वसूल करना शुरू कर दी थीं।

प्रफुल्ल राय लतिका दोनों संतुष्ट थे, इस लिए वह दोनों मलजूम से हो गये थे। एक के बिना दूसरा अधूरा था। लतिका को ख़ास तौर पर अपनी दिमाग़ी व शारीरिक करवट में प्रफुल्ल की ख़ामोश आलोचना का सहारा लेना पड़ता था। वह उसके अदा की कसौटी थी स्पष्ट शून्य में देखने वाली निगाहों से उसको पता चल जाता था कि उसकी पलक की कौन सा नोक टेढ़ी है। लेकिन वह अब यह हकीक़त मालूम कर चुकी थी। कि वह हरारत जो उसकी शून्य में देखने वाली आंखों में है उसकी आग़ोश में नहीं थी। लतिका के लिए यह बिल्कुल ऐसी थी जैसी खर्री चारपाई लेकिन वह संतुष्ट थी इसलिए कि उसके सपनों के बालों पर निकालने के लिए प्रफुल्ल की आंखों की हरारत ही काफी थी।

वह बड़ी सूझबूझ वाली औरत थी। उसने दो महीने के समय ही में अनुमान लगा लिया था कि एक साल के अन्दर-अन्दर उसके सपनों की पूर्ति हो जाएगी। क्योंकर होगी और किस फ़िज़ा में होगी। यह सोचना प्रफुल्ल राय का काम था और लतिका को विश्वास था कि उसका हमेशा गतिवान दिमाग कोई न कोई रास्ता पैदा करेगा। चुनांचि दोनों जब भारत वापस जाने के इरादे से बर्लिन की सैर को गए और प्रफुल्ल का एक दोस्त उन्हें उफ़ा फिल्म स्टूडियोज़ में ले गया तो लतिका ने प्रफुल्ल की– खाली जगह में देखने वाली आंखें की गहराइयों में अपने भविष्य की साफ झलक देख ली। वह एक मशहूर जर्मन एक्टर्स से सिर्फ बात-चीत थी मगर लतिका महसूस कर रही थी कि उसके सरापा को केनवस का टुकड़ा बना कर एक्ट्रेस लतिका के नक्शो-निगार बना रहा है।

बम्बई पहुंचे तो ताज महल होटल में प्रफुल्ल राय की मुलाक़ात एक अंग्रेज नाईट से हुई जो करीब-क़रीब मुफ़्लिस था मगर उसकी जानकारी का क्षेत्र बहुत ऊंचा था उम्र साठ से कुछ ऊपर ज़बान में सभ्य किस्म के आदात व तरीके, प्रफुल्ल राय उसके सम्बंध में कोई राय स्थापित न कर सका मगर लतिका रानी की अन्दाज़ गीर तबियत ने पुरन्त भांप लिया कि उससे बड़े

फायदामन्द काम लिए जा सकते हैं, चुनांचि वह नर्स की सी तवज्जोह और खुलूस के साथ उससे मिलने जुलने लगी और जैसा कि लतिका को मालूम था एक दिन डीनर पर एक तरह स्वंय तय हो गया कि उस फिल्म कम्पनी में जो प्रफुल्ल राय स्थापित करेगा। वह दो मेहमान जो सरहावर्ड पेसिपिकल ने आमंत्रित किए थे डायरेक्टर होंगे और कुछ दिन के अन्दर-अन्दर वह सारी परेशानिया दूर हो गईं जो एक लिमिटेड कम्पनी की बुनियादें खड़ी करने में सामने आते हैं।

सरहावर्ड बहुत काम का आदमी सिद्ध हुआ यह प्रफुल्ल की प्रतिक्रिया थी लेकिन लतिका शुरू ही से जानती थी कि वह ऐसा आदमी है जिसकी सार्थकता वहुत जल्द नज़रों में आ जाएगी। वह जब उसकी सेवा में कुछ समय देती थी तो प्रफुल्ल जंलन महसूस करता था मगर लतिका ने कभी इसकी तरफ ध्यान ही नहीं दिया था, इसमें कोई शक नहीं कि उसकी निकट्ता से बुड्ढा सरहार्वड एक गुणा जिन्सी तस्कीन हासिल करता था मगर वह उसमें कोई मुज़ायक़ा नहीं समझती थी। यूं तो वह मालदार मेहमान भी असल में इसी को वजह से अपनी पूजी लगाने के लिए तैयार हुए थे और लतिका को इस पर भी कोई ऐतराज़ नहीं था। उसके नज़दीक यह लोग सिर्फ उसी वक्त तक अहम थे जब तक उनका सरमाया उन की तजबों में था। वह उन दोनों की कल्पना बड़ी आसानी से कर सकती थी जब यह मारवाड़ी सेठ स्टूडियोज़ में हल्की-सी झलक देखने के लिए भी तरसा करेंगे लेकिन यह दिन करीब लाने के लिए उसको कोई जल्दी नहीं थी, हर चीज़ उसके हिसाब के अनुसार अपने समय पर ठीक हो रही थी। लिमिटेड कम्पनी का निवास कार्य में था। उसके सारे भाग भी बिक गए। सरहावर्ड डिपसीकल के अच्छे सम्बंध और प्रभाव के कारण एक अच्छे स्थान पर स्टूडियो के लिए ज़मीन का टुकड़ा भी मिल गया। उधर से छुट्टी हुई तो डायरेक्टरों ने प्रफुल्ल राय से विनती की कि वह इंग्लैण्ड जाकर ज़रूरी सामान ख़रीद लाए।

इंग्लैण्ड जाने से एक दिन पहले प्रफुल्ल ने ठेठ यूरोपी अन्दाज़ में लतिका से शादी की विनती को जो उसने तुरन्त मनज़ूर कर ली। अत: उसी दिन उन दोनों की शादी हो गई।

दोनों इंग्लैण्ड गए हनीमून में दोनों के लिए कोई नई बात नहीं थी एक दूसरे के सम्बंध में जो ज़ाहिर होना था वह काफी दिन हुआ उन पर हो चुके थे। उनको अब धुन केवल इस बात की थी कि वह कम्पनी जो उन्होंने

स्थापित की है उसके लिए मशीनरी खरीदे और वापस गुम्बई जाकर काम में लग जाएं।

लतिका ने कभी इस के सम्बंध में न सोचा था कि प्रफुल्ल जो फिल्म साज़ी से बिल्कुल अन्जान है। स्टूडियो कैसे चलाएगी। उसको उसकी दिमाग की जानकारी थी। जिस तरह उसने ख़ामोशी ही ख़ामोशी में केवल अपनी ख़ला में देखने वाली आंखों से उसकी नोक पलक ठीक कर दी थी। इसी तरह उसको यक़ीन था कि वह फ़िल्म साज़ी में भी सफल होगा। वह उसको जब अपने पहले फिल्म में हिरोइन बना कर पेश करेगा तो हिन्दुस्तान में एक क़यामत वरपा हो जाएगी।

प्रफुल्ल राय फ़िल्म साज़ी की तकनीक से बिल्कुल अनजान था। जर्मनी में केवल कुछ दिन उसने अपना स्टूडियोज़ में इस कारीगरी का थोड़ा अध्ययन किया था लेकिन जब वह इंग्लैण्ड से अपने साथ एक कैमरा मैन और एक डायरेक्टर ले कर आया और इण्डिया टॉकीज़ का पहला फिल्म सेट पर गया तो स्टूडियोज़ के सारे काम पर उसकी सूझबूझ की धाक बैठ गई। बहुत कम बात-चीत करता था। सुबह सवेरे स्टूडियो आता था और सारा दिन अपने कार्यालय में फिल्म के दृश्य और संवाद तैयार करने में व्यस्त रहता था शूटिंग का एक प्रोग्राम सम्पादक था जिसके अनुसार काम होता था हर क्षेत्र का एक देखभाल करने वाला था जो प्रफुल्ल के कहने के अनुसार चलता था।

स्टूडियो में हर तरह की आवारगी मना थी। बहुत साफ-सुथरा माहौल था जिसमें हर काम बड़े ढंग से होता था। पहला फिल्म तैयार हो कर बाज़ार में आ गया। प्रफुल्ल राय की खला देखने वाली आंखों ने जो देखना चाहा था वही पर्दे पर पेश हुआ। वह ज़माना भड़कीले-पन का था हिरोइन वही समझी जाती थी जो चमकदार कपड़ों में मलबूस हो, ऊंची सोसायटी से सम्बन्धित हो। ऐसे रूमानों में परेशान हो हक़ीक़त से जिन्हें दूर का भी वास्ता नहीं। ऐसी बोली बोले जो स्टेज के ड्रामों में बोली जाती है- लेकिन प्रफुल्ल राय के पहले फिल्म में सब कुछ उसकी प्रतिक्रिया थी। फिल्म बीनों के लिए यह परिवर्तन यह अचानक इन्क़लाब बड़ा सुहावना था अत: यह हिन्दुस्तान में हर जगह सफल हुआ और लतिका रानी ने लोगों के दिल में तुरन्त ही अपना स्थान पैदा कर लिया।

प्रफुल्ल राय इस सफला पर बहुत संतुष्ट था। वह जब लतिका के मासूम चेहरे और उसकी भोली-भाली अभिनेत्री से सम्बन्धित अखबारों में

पढ़ता था तो उसको इस ख़्याल से कि वह उनका ख़ालिक़ है बहुत राहत पहुंचती थी। लेकिन लतिका पर इस सफलता का कोई प्रभाव नहीं पड़ा था। उसकी अन्दाज़ागीर तबीयत के लिए यह कोई ग़ैरमुतवक़्क़ा चीज़ नहीं थी। वह सफलता जो भाग्य की कोख में छिपी हुई थीं, खुली हुई किताब की पन्नों की तरह उसके सामने थी।

पहले फिल्म की प्रदर्शनी में वह कैसे कपड़े पहन का सिनेमा हॉल में जाएगी। अपने पति प्रफुल्ल राय से दूसरों के सामने किस तरह की बात चीत करेगी। जब उसे हार पहनाए जाएंगे तो वह उन्हें उतारकर खुश करने के लिए उसके गले में डालेगी। उसकी होंठों का कौना सा कोना किस समय पर किस अन्दाज़ में मुस्कुराएगा यह सब उसने एक महीना पहले सोच लिया था।

स्टूडियो में लतिका की हर हरकत हर अदा एक ख़ास प्लान के अनुसार काम में आती थी उसका मकान पास ही था। सरहावर्ड पेसीकल को प्रफुल्ल राय ने स्टूडियो में मध्य भाग में जगह दे रखी थी। लतिका सुबह सवेरे आती और कुछ समय सरहावर्ड के साथ गुज़ारती जिसको बाग़बानी का शौक था। आधा घन्टे तक वह उस बुड्ढे अलगन नाईट के साथ फूलों के सम्बंध में बातचीत करती रहती। उसके बाद घर चली जाती और अपने पति से उकसी आवश्यकतानुसार थोड़ा सा प्यार करती। वह स्टूडियो चला जाता और लतिका अपने सादे मेकअप में जिसका एक एक पत्र एक एक बिन्दु प्रफुल्ल का बनाया हुआ था, वयस्त हो जाती।

दूसरा फिल्म तैयार हुआ, फिर तीसरा इसी तरह पांचवां यह सब सफल हुए इतने सफल कि दूसरे फिल्म साज़ों को स्थापित किए गए इण्डिया टॉकीज लिमिटेड के पंजों पर मतबूती चला पड़ा। इस नक्ल में वह सफल हुए या असफल इसके सम्बंधित हमें कोई सरोकार नहीं। लतिका की ख़्याति हर नए फिल्म के साथ आगे ही आगे बढ़ती गई। हर जगह इण्डिया टॉकीज़ लिमिटेड का शोरा था। मगर प्रफुल्ल राय को बहुत कम आदमी जानते थे। वह जो उसका निर्माता था, वह जो लतिका का निस्फ़ बेहतर था। लेकिन प्रफुल्ल ने कभी इस सम्बंध में सोचा ही नहीं था। उसकी ख़ला में झांकने वाली आंखें हर समय सिग्रेट के धुंए में लतिका के रोज़ नए रूप बनाने में व्यस्त रहती थी।

इन फिल्मों में हीरो का कोई महत्त्व नहीं था। प्रफुल्ल राय को इशारोंपर वह कहानी में उठता बैठता और चलता था। स्टूडियो में भी उसका

व्यक्तित्व मामूली था। सब जानते थे के पहला नम्बर मिस्टर राय का और दूसरा मिसेज़ राय का जो बाक़ी है सब फ़िज़ूल है। लेकिन उसकी प्रतिक्रिया यह हुई कि हीरो ने पर-पुर्ज़े निकालने आरम्भ कर दिए। लतिका के साथ उसका नाम पर्दे पर लाज़िम व मलज़ूम हो गया था इस लिए उससे उसने फायदा उठाना चाहा। लतिका से उसे दिली नफरत थी इसलिए वह उसके हुकूक़ की परवा नहीं करता था। इसका इज़हार भी उसने अब धीरे-धीरे स्टूडियो में करना आरम्भ कर दिया था जिसका नतीजा यह हुआ कि अचानक प्रफुल्ल राय ने अपने आने वाली फिल्म में उसको शामिल न किया। इस पर छोटा-सा हंगामा बरपा हुआ। लेकिन तुरन्त ही दब गया। नये हीरो के आने से थोड़ी देर स्टूडियो में खुसर पुसर होती रहीं। लेकिन यह भी धीरे-धीरे गायब हो गईं।

लतिका अपने पति के इस फैसले से सहमत नहीं थी लेकिन उसने उसे तब्दील करने की कोशिश न की। जो हिसाब उसने लगाया था उसके अनुसार ताज़ा फिल्म नाकाम साबित हुआ। इसके बाद दूसरा भी। और जैसा कि लतिका को मालूम था उसकी ख्याति दबने लगी और एक दिन यह सुनने में आया कि वह नये हीरो के साथ भाग गई है। समाचार पत्रों में एक तहलका मच गया। लतिका का दामन हैरतनाक तौर पर रूमान आदि से पाक रहा था। लोगों ने जब सुना कि वह नए हीरो के साथ भाग गई है तो उसके इश्क की कहानियां गढ़नी शुरू कर दीं।

प्रफुल्ल राय को बहुत सदमा हुआ जो उसके क़रीब थे उनका बयान है कि वह कई बार बेहोश हुआ। लतिका का भाग जाना उसकी ज़िन्दगी का बहुत बड़ा सदमा था। उसका वजूद उसके लिए कैनवस का एक टूकड़ा था। जिस पर वह अपने सपनों की तस्वीरकशी करता था। अब ऐसा टुकड़ा उसे और कहीं से प्राप्त न हो सकता था। ग़म के मारे वह निढाल हो गया उसने कई बार चाहा कि स्टूडियो को आग लगा दे और उसमें खुद को झोंक दे। मगर इसके लिए बड़ी हिम्मत की ज़रूरत थी जो उसमें नहीं थी।

आख़िर पुराना हीरो आगे बढ़ा और उसने मुआमला सुलझाने के लिए अपनी खिदमात पेश की। उसने लतिका के बारे में ऐसी-ऐसी बातों को सामने लाया कि प्रफुल्ल भौंचका रह गया। उसने बताया कि लतिका ऐसी औरत है जो मुहब्बत के लतीफ जज़्बे से बिल्कुल महरूम है। नए हीरो के साथ वह इसलिए नहीं भागी कि उसको उससे इश्क है। यह केवल असिस्टेन्ट है। एक ऐसी चाल जिससे वह अपनी गिरती हुई शोहरत को थोड़े

देर के लिए संभाल देना चाहती है और इसमें उसने अपने साथ काम करने वाले नए हीरो को इसलिए बनाया है कि वह मेरी तरह "खुद सर" नहीं वह उसको इस तरह अपने साथ ले गई जिस तरह किसी नौकर को ले जाते हैं। अगर उसने मुझे चुना होता तो उसकी स्कीम कभी सफ़ल न होती। मैं कभी इसके हुक्म पर न चलता। वह उस समय वापस आने के लिए तैयार है क्योंकि उसके हिसाब के अनुसार उसकी वापसी में बहुत दिन ऊपर हो गए हैं... और मैं तो यह समझता हूं कि शायद मैं यह बातें भी उसी के कहने के अनुसार आपको बता रहा हूं।"

दूसरे तख़लीक़ी फनकारों की तरह प्रफुल्ल राय भी परले दर्जे का सनकी था पुराने हीरो की यह बातें तुरन्त ज़ेहन में बैठ गई, लेकिन जब लतिका वापस आई तो उसने आशिक़ सादिक़ से गिले शिक्वे शुरू कर दिए और उसको बेवफाई का मुजरिम क़रार दिया।

लतिका ख़ामोश रही। उसने अपनी बेगुनाही के औचित्य में कुछ न कहा। पुराने हीरो ने उसके सम्बंध में जो बातें उसके शौहर से की थीं उसने उसपर भी कोई तबसरा न किया। उसके कहने के अनुसार पुराने हीरो का वेतन दुगुना हो गया। अब वह उससे बातें भी करती थी, लेकिन उनके बीच वह फासला बदस्तूर क़ायम रहा। जिसकी सीमाएं शुरू ही से निश्चित कर चुकी थी।

फिल्म फिर कामयाब हुआ। जो उसके बाद पेश हुआ उसे भी कामयाबी नसीब हुई। लेकिन इस दौरान में इण्डिया टॉकीज़ लिमिटेड के पत्रों पर चल कर और कई अदारे फिल्म की नई राहें खोल चुके थे। अनगिनत नए चेहरे जो लतिका के मुकाबले में कई गुणा पुरकशिश थे, स्क्रीन पर पेश हो चुके थे। पुराने हीरों का ख़्याल था कि लतिका ज़रूर अपने पति को छोड़ कर किसी और फिल्म साज़ की आगोश में चली जाएगी। जो इसके वजूद में नए जज़ीरे दर्याफ्त कर सके। लेकिन बहुत देर तक कोई क़ाबिले ज़िक्र बात वकूअ पज़ीर न हुई।

स्टूडियो में लतिका के सम्बंध में हर दिन भिन्न-भिन्न बातें होती थीं। सब यह जानने की कोशिश करते थे कि पति के साथ उसके सम्बंध किस प्रकार के हैं। उनके बारे में कई रिवायतें मशहूर थीं। जिनमें से एक यह भी थी कि वह अपने साईस के साथ खराब है। यह रिवायत पुराने हीरो से थी। उसको यकीन था कि लतिका अपने साईस राम भरोसे के ज़रिए से अपनी शारिरिक इच्छाएं पूरी करती हैं और अपने पति प्रफुल्ल राय से उसके सम्बंध में केवल नुमाईशी बिस्तर तक सीमित है-

पुराना हीरो अपने इस मफ़रूज़े के जवाज़ में यह कहता था ''लतिका जैसी और इस क़िस्म के सम्बंध सिर्फ़ अदना-क़िस्म के नौकर ही पैदा कर सकते है जो इसके इशारे ही पर चला जाए। जिसकी गर्दन उसके एहसान तले दबी रहे अगर वह इश्को-मुहब्बत करने की अहलियत रखती तो नए हीरो के साथ भाग कर फिर वापस न आती- यह उसका असिस्टेंट था और उसका पोल खुल चुका है। तुम यक़ीन मानो कि उसके दिन लद चुके हैं, और वह उसे जानती है और अच्छी तरह समझती है उसको यह भी मालूम है कि मिस्टर राय की तमाम ताक़तें उसे बनाने और संवारने में ख़त्म हो चुकी हैं। अब वह आम की चुसी हुई गुठली की तरह है- इसमें वह रस नहीं रहा जिससे वह इतनी देर अमृत प्राप्त करती रही थी। तुम देख लेना, थोड़े ही अर्से के बाद अपनी कायाकलप कराने की ख़ातिर वह किसी और फिल्म साज़ की आगोश में चली जाएगी।

लतिका किसी और फिल्म साज़ की आगोश में न गई। ऐसा मालूम होता कि यह मोड़ उसके बनाए हुए नक्शे में नहीं था। नए हीरो के साथ भाग जाने के बाद उसमें बज़ाहिर कोई फर्क़ नहीं आया था। सरहावर्ड पेसीकल के साथ सुबह सवेरे बाग़बानी में व्यस्त वह अब भी उसी तरह नज़र आती थी। स्टूडियो में उसके बारे में जो बातें होती थीं उसके जानकारी में थीं। मगर वह ख़ामोश रहती थी।

दो फिल्म और बने जो बहुत बुरी तरह नाकाम हुए। इण्डिया टॉकीज़ लिमिटेड का रौशन नाम धीमा होने लगा। लतिका का इस पर कोई रद्देअमल ज़ाहिर न हुआ। मगर स्टूडियो का हर आदमी जानता था कि मिस्टर राय सख़्त परेशान हैं। पुराने हीरो ने जो अपने आक़ा की क़द्र करता था और उसका हमदर्द भी था। कई बार उसे राय दी कि वह कम्पनी के बखेड़े से अलग हो जाए। फिल्म साज़ी का काम अपने शागिर्द को सौंप दे और खुद आरामो-सकून की ज़िन्दगी बसर करना शुरू कर दे। मगर इसका कुछ असर न हुआ। ऐसा मालूम होता कि प्रफुल्ल राय एक बार फिर अपने विचार मन दिमाग़ की तितर-बितर शक्तियों को जमा करना चाहता है और लतिका के वजूद के ढीले ताने-बाने में एक नये और देरपा ख़्वाब के नक्श उभारने में व्यस्त है।

घर के नौकरों से जो खबरें बाहर आती थीं उनसे पता चलता था कि मिस्टर राय का मिज़ाज बहुत चिड़चिड़ा हो गया है। हर समय झुंझलाया रहता है। कभी-कभी गुस्से में आकर लतिका को गन्दी-गन्दी गालियां भी देता है वह

खामोश रहती है। रात को जब मिस्टर राय को रात जागने की शिकायत होती है तो वह उसका सर सहलाती है पांव दबाती है और सुला देती है।

पहले मिस्टर राय कभी असरार नहीं करते थे कि लतिका उनके पास सोये, पर अब वह कई बार रातों को उठ-उठ कर उसे ढूंढते थे और उसको मजबूर करते थे कि वह उनके साथ सोए। पुराने हीरो को जब ऐसी बातें मालूम होती थीं तो उसे बहुत दुख होता था।

मिस्टर राय बहुत बड़ा आदमी है लेकिन अफ़सोस कि उसने अपना दिमाग़ एक ऐसी औरत के क़दमों में डाल दिया जो किसी तरह भी उस ऐज़ाज़ के क़ाबिल नहीं थी। वह औरत नहीं चुड़ैल थी। मेरे इख़्तियार में हो तो मैं उसे गोली से उड़ा दूं। सबसे बड़ी ट्रेजडी तो यह है कि मिस्टर राय को अब उससे बहुत ज़्यादा मुहब्बत हो गई है।"

जो ज़्यादा गहराइयों में उतरने वाले थे, उनका ख़्याल यह था कि प्रफुल्ल राय में चूंकि अब लतिका को कोई रंग-रूप देने की ताक़त बाक़ी नहीं रही, इसलिए वह झुंझला कर उसको ख़राब कर देना चाहता है। अब तक वो उसे मुक़द्दस चीज़ समझता रहा था जिस पर उसने गन्दगी का एक कण तक भी नहीं गिरने दिया था। मगर अब वह इसे नापाक कर देना चाहता है। गन्दगी में लथेड़ देना चाहता है ताकि जब वह किसी के मुंह से यह सुने कि तुम्हारी लतिका को हमने फुलां-फुला नजासत से किया है तो उसे ज़्यादा रूहानी तकलीफ न हो। वह पहले सपनों की नरम व नाजुक दुनिया में बसता था, अब हक़ीक़त के पत्थरों के साथ अपना और लतिका का सर फोड़ना चाहता है।

वक़्त गुज़रता गया, इण्डिया टॉकीज़ लिमिटेड के बाईसबीं फिल्म की शूटिंग जारी थी, प्रफुल्ल राय एक बिल्कुल नया तजर्बा कर रहा था। लेकिन स्टूडियो के आदमियों को मालूम था कि वह किस प्रकार का है। राय के दफ्तर की बत्ती रात को देर तक जलती रहती थी। घर जाने के बजाय अब वह अक्सर वहीं सो जाता था। कागज़ों के ढेर उसकी मेज़ पर लगे रहते थे। जब उसकी ऐशट्रे साफ की जाती तो जले हुए सिग्रेटों का एक ढेर निकलता। कहानी लिखी जा रही थी मगर किस तरह की इस के सिनियर डिपार्टमेंट को भी कुछ मालूम नहीं था।

दर्ज़ीखाने के लोग करीब-क़रीब बेकार थे। एक दिन लतिका वहां नमूदार हुई और उसने अपने लिए लम्बी आस्तीनों वाला काला ब्लाउज़ बानने का हुक्म दिया। कपड़ा उसके पसन्द के अनुसार आया डिजाइन भी

उसने खूब चुना, इसके साथ ही उसने काले जारजेट की साड़ी मंगवाई फिर हेयर ड्रेसर मिस डी मीलो से अपने नए हेयर स्टाइल के सम्बन्ध में मुफस्सिल बात-चीत की। ये बातें जब स्टूडियो में आम हुई तो लोगों ने नए फिल्म के बारे में अपनी अपनी फिक्र के अनुसार अन्दाज़े लगाए। पुराने हीरो का यह ख़्याल था कि मिस्टर राय शायद अपनी ज़िन्दगी की ट्रेजडी पेश करेंगे। लेकिन जब पहली सूटिंग की ख़बर बोर्ड पर लगी और सेट पर काम शुरू हुआ तो लोगों को बड़ी ना-उम्मीदी हुई। वही पुराना माहौल था, और वही पुराने कपड़े।

शूटिंग लगातार बड़े हमवार तरीके पर जारी रही। लेकिन अचानक स्टूडियो में एक दिन शोर बरपा हो गया। प्रफुल्ल राय हस्बे मामूल सेट पर नमूदार हुआ। थोड़ी देर उसने शूटिंग देखी और एक दम कैमरा मैन पर बरस पड़ा आव देखा ना ताव ज़ोर का थप्पड़ उसके कान पर जड़ दिया। जिसके बाद वह बेहोश हो गया। पहले तो स्टूडियो के आदमी ख़ामोश रहे लेकिन जब उन्होंने देखा कि मिस्टर राय पर दि़वानगी तारी है तो उन्होंने मिलकर उसे पकड़ लिया उसे घर ले गए।

अच्छे-अच्छे डॉक्टर बुलाए गए मगर प्रफुल्ल राय की दीवानगी बढ़ती गई वह बार-बार लतिका को अपने पास बुलाता था मगर जब वह उसकी नज़रों के सामने आती थी तो उसका जोश बढ़ जाता था और वह चाहता था कि उसे नोच डाले। इतनी गालियां देता था ऐसे ऐसे बुरे नामों से उसे याद करता था कि सुनने वाले हैरतज़दा एक दूसरे का मुंह तकने लगते थे।

पूरे चार दिन तक प्रफुल्ल राय पर दीवानगी तारी रही। बहुत खतरनाक क़िस्म की दीवानगी थी। पांचवी रोज़ सुबह सवेरे जब लतिका सरहावर्ड पेसीकल के साथ बाग़बानी में व्यस्त थी और दबी-दबी ज़बान से अपने पति की अफसोसनाक बीमारी का ज़िक्र कर रही थी। यह ख़बर पहुंची कि मिस्टर राय आख़िरी सांस ले रहे हैं। यह सुनकर लतिका को गश आ गया। सरहावर्ड और स्टूडियो के दूसरे आदमी उनको होश में लाने की कोशिश में व्यस्त थे कि दूसरी ख़बर पहुंची कि मिस्टर राय स्वर्गवास हो गए।

दस बजे के क़रीब जब लोग अर्थी उठाने के लिए कोठी पहुंचे तो लतिका नमुदार हुई। उसकी आंखें सूजी हुई थीं। बाल परेशान थे। काली साड़ी और काला ब्लाउज़ पहने हुए थी। पुराने हीरो ने उसको देखा और बड़ी नफ़रत से कहा।

"कमबख़्त को मालूम था कि यह सीन कब शूट किया जाने वाला है..."

मनोवैज्ञानिक अध्ययन

मुझे चाय के लिए कह कर वह और उनके दोस्त फिर अपनी बातों में ग़र्क़ हो गए।

गुफ्तगू का मौज़ू तरक़्क़ी पसन्द अदब और तरक़्क़ी पसन्द अदीब था। शुरू-शुरू में तो ये लोग उर्दू के अफसानवी अदब पर ताइराना नज़र दौड़ाते रहे लेकिन बाद में यह नज़र गहराई अख़्तयार कर गई और जैसा कि आम तौर पर होता है गुफ़्तगू गरमा-गरम बहस में तब्दील हो गई।

मेरे पति तरक़्क़ी पसन्द हैं न रजअतपसन्द, लेकिन बहस पसन्द ज़रूर हैं, चुनांचि अपने दोस्तों के मुकाबले में सबसे ज़्यादा गर्मजोश वही नज़र आते थे। वह इस अन्देशे सें हमेशा खिलाफ थे कि पाकिस्तान में तरक़्क़ीपसन्द अदब का भविष्य है। बहस के दौरान में एक मर्तबा उन्होंने बिल्कुल "तुम आज शाम को साड़ी पहनोगी" के से फैसला कुन अन्दाज़ में अपने दोस्त हबीब से कहा "तुम्हें तसलीम करना पड़ेगा कि पाकिस्तान में तरक़्क़ीपसन्द अदब की तहरीक ज़िंदा रहेगी।"

हबीब साहब तुरन्त सर तसलीमख़म कर देने वाले नहीं थे, चुनानचे बहस जारी रही और जब मैं चाय तैयार करने उठी तो हफीज़उल्लाह साहब जिनको सब उल्ला कहकर पुकारते थे पचीसवां सिग्रेट फूंकते हुए तरक़्क़ी पसन्द अदब पर करीमन के इस्तेमाली असर को ग़लत साबित करने की कोशिश शुरू करने वाले थे।

मैं उठकर बावर्ची ख़ाने में आई तो नौकर ग़ायब था और चाय का पानी चूल्हे पर धरा बिल्कुल ग़ारत हो चुका था। मैने केतली का पानी तब्दील किया और बाहर निकल कर नौरक को आवाज़ दी। वह जब आया

तो उसके हाथ में अदाकार का पर्चा था जिसके सर वरक़ पर मनोरमा की नीम बरहना तस्वीर छपी हुई थी। मैने झिड़क कर पर्ची उसके हाथ से ले लिया। जब देखो वाहियात पर्चे पढ़ रहा है। चाय का पानी उबल-उबल कर तेल बन चुका है इसका कुछ ख़्याल ही नहीं। जाओ पेस्ट्री लेकर आओ। मिन्टा-मिन्टी में आना।''

मैं पर्स में से एक पांच का नोट उसको दिया और बावर्चीख़ाने में लोहे की कुर्सी पर बैठ कर ''अदाकार'' की तस्वीरें देखना शुरू कर दीं। तस्वीरें देख चुकने के बाद मैं सवाल जवाब पढ़ रही थी कि पेस्ट्री आ गयी। अदाकार का पर्चा मेज़ पर रखकर मैंने सब दाने अलग-अलग तशतरियों में चुने और नौकर से यह कहकर कि वह दूध गर्म करके जल्दी चाय ले आए, वापस बड़े कमरे में चली गई।

जब अन्दर दाख़िल हुई तो वह और उनके दोस्त क़रीब-क़रीब ख़ामोश थे। मैं समझी शायद उनकी बातचीत ख़त्म हो चुकी है। लेकिन उल्ला साहब ने अपने मोटे-मोटे शीशों वाली ऐनक उतार कर रूमाल से आंखें साफ़ करके मेरी तरफ़ देखते हुए कहा ''भाभी जान से पूछना चाहिए- शायद था वह इसपर कुछ रोशनी डाल सके।''

मैं कुर्सी पर बैठने वाली थी। यह सुनकर रुक गई। अब हबीब साहब मुझसे मुख़ातिब हुए। ''तशरीफ रखिए।''

मैं बैठ गई। मेरे पति अपनी जगह से उठे और बिल्कुल ''उसको सीना पिरोना नहीं आता'' कैसे अन्दाज़ में अपने दोस्त उल्ला से कहा ''यह इस सम्बंध में कोई रोशनी नहीं डाल सकती।''

पूछना मुझे था हबीब साहब ने उनसे पूछा। ''क्यों?'' हस्बे आदत मेरे पति गोल कर गए ''बस...!'' फिर मुझसे मुख़ातिब हुए। ''चाय कब आयेगी?''

मैने मुस्कुरा कर जवाब दिया। जब आप मुझसे बंसी डालने के लिए कहेंगे।

मुल्ला साहब ने चश्मा नाक पर जमाया और थोड़ा-सा मुस्कुराए। ''बात यह है भाभी जान कि... वह है न आपकी... मेरा मतलब है...''

हबीब साहब ने उनकी बात काट दी। ''उल्ले भगवान की क़सम तुम्हें अपना मतलब समझाने का सलीक़ा कभी नहीं आएगा।'' यह कह कर वह मुझसे मुख़ातिब हुए'' आप यह फरमाइये कि आपका अपनी सहेली बिलक़ीस जहां के सम्बंध में क्या ख़्याल है?''

सवाल बड़ा औंधा-सा था। मैं जबाब सोचने लगी।'' मैं आपका मतलब नहीं समझी।''

उल्ला साहब ने हबीब साहब की पसलियों में अपनी कोहनी से टूनका दिया ''भई उल्ला अपना मतलब स्पष्ट पर समझाने का सलीक़ा एक फ़क़त तुम्हें ही आता है।''

''ठहरो यार।'' हबीब झुंझला गए। उन्होंने टाई की गिरह ठीक की और झुंझलाहट दूर करते हुए मुझ से कहा। अभी-अभी बिल्क़ीस की बातें हो रही थीं। उर्दू के मौजूदा अदब में उस ख़ातून का जो रुतबा है। मेरा मतलब है कि उनका एक ख़ास स्थान है। अफ़साना निगारी में अपने समकालीन के मुक़ाबले में वह बहुत आगे हैं... जहां तक मनौविज्ञान का सम्बंध है...''

हबीब साहब जैसे यह कहने के लिए बेताब थे। ''उनका मुताला बहुत गहरा है।''

ख़ासतौर पर मर्दों की जिन्सी नफ़्सियात का। ''मेरे पति ने अपने मख़सूस अन्दाज़ में कहा और मेरी तरफ मानीखेज़ नज़रों से देखते हुए अपनी कुर्सी पर बैठ गए।

उल्ला साहब ने मुझसे मुख़ातिब हो कर मेरे पति के शब्द दुहराए। ''जी हां ख़ासतौर पर मर्दों की जिन्सी नफसियात का।'' और यह कहते हुए वह अचानक लज्जित से हो गए और आंखें नीची कर लीं। मुझे उनपर कुछ तरफ़ आया चुनाचि मैंने ज़रा बेबाकी से कहा। ''आप क्या पूछना चाहते हैं।''

उल्ला साहब ख़ामोश रहे। उनकी जगह हबीब बोले। ''चूंकि आप बिल्क़ीस साहिबा की सहेली है, इसलिए ज़ाहिर है कि आप उनको बहुत अच्छी तरह जानती हैं।''

मैने सिर्फ़ इतना कहा ''एक हद तक'' मेरे पति ने किस क़दर बेचैन होकर कहा ''बेकार है- बिल्कुल बेकार- औरतें राज़ की बातें नहीं बताया करती ख़ास तौर पर जब वह खुद उनकी अपनी सिन्फ से सम्बंधित हो।'' फिर वह मुझसे मुख़ातिब हुए। ''क्यों मुहतरमा मैं झूठ कहता हूं।''

मेरा ख़्याल है वह एक हद तक ठीक कह रहे थे लेकिन मैं कोई जवाब न दिया। इतने में चाय आ गई और बात चीत थोड़े देर के लिए चाय कितनी- दूध कितना-शक्कर कितने चम्मच'' में तब्दील हो गई।

उल्ला साहब पांचवीं क्रिमरॉल की क्रिम अपने होंटों पर से चूसते हुए फिर बिल्क़ीस जहां की तरफ़ लौटे और बलन्द आवाज़ में कहा ''कुछ भी

हो यह तय है कि यह श्रीमती जी हम मर्दों की जिन्सी नफसियात को खूब समझती हैं।''

उनका रूए सुख़न हम सब की तरफ़ कम और सारी दुनिया की तरफ़ ज़्यादा था। मैं उनका यह पैसला सुनकर दिल ही दिल में मुस्कुराई। क्योंकि कमबख़्त बिलक़ीस उल्ला साहब की जिन्सी नफ़सियात खूब समझती थी। उसने एक बार मुझसे कहा था ''भप्पू- अगर यह उल्ला साहब तुम्हारे पति नेक अखतर के दोस्त न होते तो खुदा की क़सम मैं उन्हें ऐसे चक्कर देती कि सारी उम्र याद रखते– अव्वल दर्जे के कमीने इन्सान हैं– स्ट्रीम लाइन्ड आशिक।''

मुझे मालूम नहीं बिल्क़ीस ने उल्ला साहब के सम्बंध में यह राय कैसे क़ायम की थी। उनकी तरफ़ ग़ौर से देखना ऐनक के दबीज़ शीशों के पीछे उनकी आंखे गुडमड सी हो रही थी– स्ट्रीम लाइन आशिक का कोई हिन्ह मुझे उनके चेहरे पर नज़र न आया। मैंने सोचा ऐसे मुआमले जांचने के लिए एक ख़ास क़िस्म की निगाह की ज़रूरत होती है जो कुदरत ने सिर्फ बिल्ली ही को अता की थी।

उल्ला साहब ने जब मुझे घूरते देखा तो सिटपिटा से गए। छटे क्रीम रॉल की क्रीम बहुत बुरी तरह उनके होंठों से लिथड़ गई। ''क्षमा कीजिएगा।'' यह कहकर रूमाल से अपना मुंह पोंछा। क्या आपकी सहेली बिल्क़ीस के बारे में मेरा ख़्याल ग़लत है।''

मैंने अपने लिए दूसरा कप बनाना शुरू किया।'' मैं इस बारे में कुछ कह नहीं सकती।''

मेरे पति एकदम उठ खड़े हुए और बिल्कुल शलजम बिन जलाए तुम कभी खाना नहीं पका सकती।'' के अन्दाज़ में कहा ''यह इस बारे में कभी कुछ कह नही सकेंगी।''

मैने ग़ैर इरादी तौर पर उनकी तरफ देखा। बल्ली की उनके बारे में यह राय थी कि बनते-बनते बनने की फन में बड़ी महारत प्राप्त कर गए हैं। बेहद खुश्क हैं और यह खुश्की उन्होंने अपने वजूद में इधर-उधर से मलबा डाल-डाल कर पैदा की है बज़ाहिर किसी औरत में दिलचस्पी ज़ाहिर नहीं करेंगे मगर हर औरत को एक बार चोर नज़र से देखा। मैं झेंप गई।

उल्ला साहब अपने होंठ तसल्ली बख्श तौर पर साफ कर चुके थे। एक पेटिस उठाकर वह मेरे पति से मुख़ातिब हुए।'' यार तुम्हारी बेगम साहिबा ने तो हमें बहुत बुरी तरह डिसअप्वाइन्ट किया है।''

हबीब साहब चाय का आखिरी घोंट पी कर बोले "ठीक है– लेकिन इस सम्बंध में पत्नी के बजाय पति किसी हद तकर रहबरी कर सकता है।"

जी हां यह कहकर हबीब साहब उठे, मेरे पति के कन्धे पर हाथ रखा और मेरी तरफ देख कर मुस्कुराए। अपनी बेगम साहिबा के ज़रिये से आप को बिल्क़ीस की अजीब व ग़रीब सख़्सियत के बारे में कुछ न कुछ तो ज़रूर मालूम हुआ होगा।"

मेरे पति ने बड़ी सनजीदगी के साथ जवाब दिया। सिर्फ़ इस क़दर के उसका मुताला किताबी नहीं" यह कहकर उन्होंने मुझसे पूछा। "क्यों सईदा?"

मैंने ज़रा देर के बाद कहा। जी हां– उसे बिताबों के मुताले का इतना शौक़ नहीं। मेरे पति ने एक दम सवाल किया। "तुम इसकी वजह बता सकती हो?"

मुझे इस की वजह मालूम नहीं थी, इसलिए मैंने अपनी लाचारी ज़ाहिर कर दी लेकिन मैं सोचने लगी कि जब बिल्क़ीस का काम ही लिखना है फिर इसे पढ़ने से लगाऊ क्यों नहीं मुझे याद है कि एक मरतबा नुमाइश में घूमते हुए उसने मुझसे कहा था। "भप्पू यह नुमाइश नहीं एक लाइब्रेरी है– ज़िन्दा और भिन्न-भिन्ना किताबों से भरी हुई। ग़ौर तो करो कितने दिलचस्प किरदार चल फिर रहे हैं।"

सोचते-सोचते मुझे उसकी और बहुत-सी बातें याद आ गयीं। औरतों के मुक़ाबले में वह मर्दों से कहीं ज़्यादा तपाक से मिलती और बातें करती थी। लेकिन बातचीत का मौज़ू-ए-अदब साज़ो-नादिर ही होता था, मेरा ख़्याल था कि अदबी ज़ौक़ रखने वाले मर्द उससे मिलकर यक़ीनी तौर पर इस नतीजे पर पहुंचते होंगे कि बहुत गौर अदबी क़िस्म की औरत है। क्योंकि आमतौर पर वह बातचीत का रूख लिटरेचर की तरफ़ आने ही नहीं देती थी, लेकिन इसके बावजूद उससे मुलाकात करने वाले बहुत खुश-खुश हो जाते थे कि उन्होंने इतनी बड़ी अदबी शख़्सियत के एक बिल्कुल नए और निराले पहलू की झलक देख ली है।

जहां तक मैं समझती हूं, बली अपनी इस व्यक्तित्व की झलक बिल्कुल नए और निराले अन्दाज़ में खुद दिखाती थी बक़दरे ज़रूरत और वह भी सिर्फ अपने मुलाक़ातियों के किरदार की सही झलक देखने के लिए। मेरे साथ उसको अपना यह महबूब नुस्खा प्रयोग करने की ज़रूरत महसूस न हुई थी क्योंकि बक़ौल उसने मैं ने एक नज़र ही में ताड़ लिया

था कि तुम बेहब सादा और चुग़द क़िस्म की लड़की हो।

मैं यह अफ़साना समझने की कोशिश ज़रूर करती मगर मुझे इस बात से बड़ी उल्झन होती कि बल्ली औरत हो कर ऐसी गहराइयों में कूद जाती है जिनमे उतरने से मर्द भी घबराएं। मैंने कई बार उससे कहा "तुम क्यों ऐसी बातें लिखती हो कि मर्द बैठकर तुम्हारे मुतल्लिक तरह तरह अफवाहें उड़ाते हैं। मगर उसने हर बार जवाब कुछ इसी क़िस्म का दिया। "उड़ाने दो मैं इन कीड़ों की क्या परवा करती हूं– ऐसी दुरगत बनाऊंगी कि याद रखेंगे।"

वह कितने मर्दों की दुरगत बना चुकी थी, इसकी मुझे कोई जानकारी नहीं, लेकिन मेरठ के एक अधेड़ उम्र के शायर जो दो साल तक उसे प्रेम पत्र लिखते रहे ये और जिसे वह दो साल तक ही शह देती रही थी, अन्जाम कार सब कुछ भूल कर एक बहुत ही खुफिया खत में उसको अपनी बेटी बनाने पर मजबूर हो गए थे। बल्कि यूं कहिए कि मजबूर कर दिए गए थे– उसने मुझे उनका आख़िरी खत दिखया था खुदा की क़सम मुझे बहुत तरस आया था बेचारे पर।

उल्ला साहब दूसरा पेटिस खतम कर चुके थे। हबीब खां तफरीहन ख़ाली प्याली में चम्मच हिला रहे थे मैं उठकर चाय में बरतन जमा करने लगी तो उल्ला साहब ने रसमिया तौर पर कहा। इतनी नफीस चाय का बहुत–बहुत शुक्रिया। मगर यह शिकायत आपसे ज़रूर रहेगा कि आपने बिल्क़ीस जहां साहिबा क जिन्सियात निगारी पर कोई रोशनी न डाली मैं सच अर्ज करता हूं कि बड़े–बड़े माहिर जिन्सियात भी हैरान है कि एक औरत में इतनी गहरी निगाह कहां से आ गई।

मैं कुछ कहने वाली थी कि टेलीफोन की घन्टी बजना शुरू हुई। मेरे पति ने रिसीवर उठाया। होलो... हैलो... जी? जी जी– आदाब अर्ज– जी हां है।" यह कहकर उन्होंने मुझसे कहा "तुम्हारा फोन है" फिर जैसे याद आया हो "बली है।"

उल्ला साहब, हबीब और मैं एक साथ बोले। "बिल्क़ीस।"

मैंने बढ़कर रिसीवर लिया। गो बिल्क़ीस आंख से ओझल थी मगर ऐसा महसूस हुआ कि वह जानती है कि इसके मुतल्लिक यहां बातें हो रही थीं– इस एहसास के कारण मैं बौखला गई। जल्दी–जल्दी उससे मैंने कुछ बातें की और रिसीवर रख दिया। उसने मुझे अपने यहां बुला लिया था।

महफिल जमी रही– मैं घर के कामकाज से जल्दी–जल्दी फ़ारिग़ हो

कर बली के यहां रवाना हो गई। कोठी के बाहर बेशुमार असबाब अफरातफरी के आलम में पड़ा था। इसलिए कि सफेदी हो रही थी। वह अपने कमरे में थी। मगर उसका सामान भी तितर-बितर था। मैं एक कुर्सी साफ करके उस पर बैठ गई, बली ने इधर-उधर देखा और मुझसे कहा "मैं अभी आई।"

चन्द मिनट के बाद ही वह वापस आ गई और मुझसे कुछ दूर स्टूल पर बैठ गई मैं उससे कहा " आज तुम्हारे सम्बंध बहुत बातें हो रही थीं।"

"ओह!" उसने कोई दिलचस्पी ज़ाहिर न की।

"उल्ला साहब भी थे।"

"अच्छा।"

मैंने उन्हें बहुत ग़ौर से देखा मगर मुझे उनमें स्ट्रीम लाइन्ड आशिक के कोई आसार नज़र न आए।"

बली ने मुस्कुराने की नाकाम कोशिश की फिर बड़ी गंभीरता के साथ कहा। "मुझे तुमसे एक बात करनी थी।"

"क्या?"

कोई ऐसी खास नहीं।

लेकिन उस के लहजे ने चुग़ली खाई कि बाचचीत ख़ास क़िस्म की है। चुनांचि मैं तुरन्त सोचा कि इसके लिए ख़ास बात सिर्फ एक ही हो सकती है- किसी मर्द के इश्क में गिरफ़्तार हो जाना। "आंख लड़ गई किसी से?"

बिल्क़ीस ने मेरे इस सवाल का कोई जवाब न दिया मैंने उसकी तरफ ग़ौर से देखा तो वह मुझे बहुत ही फिक्रमंद नज़र आई। बात क्या है। आज तुममें वह ताज़गी नहीं।"

उसने फिर मुस्कुराने की नाकाम कोशिश की। "ताज़गी?- नहीं तो सफेदी हो रही है ना। सारी परेशानी इसी की है।" यह कहकर वह दांतों से अपने नाखुन काटने लगी। मुझे यह देखकर बहुत आश्चर्य हुआ। क्योंकि वह इसको बहुत ही धूर्त समझती थी।

थोड़े क्षण ख़ामोशी से गुज़र गए- मैं बेचैन हो रही थी कि वह जल्दी बात करे, लेकिन वह भगवान जाने कि न विचारों में डूबी थी। अन्ततः मैं ने तंग आकर उससे कहा। "तुम मेरे अस्तित्व का अध्ययन तो नहीं कर रही हो... आख़िर कुछ कहोगी या नहीं?"

वह बड़बड़ाई। अस्तित्व का अध्ययन... और उसकी आंखों से टप-टप

आंसू गिरने लगे।

मैं अभी अपने आश्चर्य का इज़हार भी न करने पाई थी कि वह उठ कर तेज़ी से स्नानघर में चली गई।

बल्ली कि हमेशा परिहास उड़ाने वाली आंखें और आंसू– मुझे विश्वास नहीं आता था मगर उसका रोना अत्यंत पीड़ा मिश्रित था और तो कुछ मेरी समझ में न आया। सीने के साथ लगा कर उसको ढारस दी और कहा। "किया बता है मेरी जान?"

उसके आंसू और तेज़ी से बहने लगे, लेकिन थोड़ी देर बाद एक दम आंसू रुक गए। मुझसे दूर हटकर वह खिड़की के बाहर देखने लगी। "मैं जानती थी यह खेल खतरनाक है लेकिन मैंने कोई चिंता न की। क्या दिलचस्प और मज़ेदार खेल था। वह दीवानों की तरह हंसी। बहुत ही मज़ेदार खेल... उनकी स्वाभाविक कमज़ोरियों से लाभ उठाया कुछ दिन बेवकूफ बनाया और एक उपन्यास लिख दिया... किसका उपन्यास है... बिल्क़ीस जहां का... शारिरिक अस्तित्व की माहिर का..."

उसने फिर रोना आरम्भ कर दिया और मुझ से लिपट कर कहने लगी। "भप्पू... मेरी हालत

"क्या हुआ मेरी जान?"

मुझसे दूर हटकर वह फिर खिड़की के बाहर देखने लगी। "बिल्क़ीस जहां का अंत... कल इसी कमरे में उसके अस्तित्व का हमेशा-हमेशा के लिए अंत हो गया।

"कैसे?"

"यह मुझसे न पूछो भप्पू।" यह कहकर वह मुझ से लिपट गई। लेकिन नहीं... मैं तुम से नहीं छिपा सकती... लो सुनो... कुछ दिनों से मैं सफेदी करने वाले मज़दूर का अध्ययन कर रही थी। कल शाम इसे वहशी ने अचानक..."

बिल्क़ीस ने धक्का दे कर मुझे बाहर निकाल दिया और स्नानघर का दरवाज़ा बन्द कर दिया। जब मैं घर पहुंची तो उल्ला साहब और हबीब साहब के अतिरिक्त और उल्ला साहब भी उपस्थित थे। बिल्क़ीस जहां की आश्चर्यचकित जिन्सी नफसियात निग़ारी से सम्बंधित वार्तालाप का विषय था।

यज़ीद

सन् 47 के हंगामे आए और गुज़र गए। बिल्कुल उसी तरह जिस तरह मौसम में नियम के विरूध चन्द दिन ख़राब आएं और चले जाएं। यह नहीं कि करीम दाद, मौला की मर्ज़ी समझ कर ख़ामोश बैठा रहा, उसने इस तूफ़ान का मर्दानावार मुक़ाबला किया था। मुख़ालिफ़ ताक़तों के साथ वो कई बार भिड़ा था। शिकस्त देने के लिए नहीं, सिर्फ़ मुक़ाबला करने के लिए। उसको मालूम था कि दुश्मनों की ताक़त बहुत ज़्यादा है मगर हथियार डाल देना वो अपनी ही नहीं, हर मर्द की तौहीन समझता था। सच पूछिये तो उसके मुतल्लिक़ यह सिर्फ़ दूसरों का ख़्याल था, उनका जिन्होंने उसे वहशीनुमा इंसानों से बड़ी जांबाज़ी से लड़ते देखा था। वर्ना अगर करीम दाद से इस बारे में पूछा जाता कि विरोधी शक्तियों के मुक़ाबले में हथियार डालना क्या वो अपनी या मर्द की तौहीन समझता है। तो वो यक़ीनन सोच में पड़ जाता जैसे आपने उससे हिसाब का कोई बहुत मुश्किल सवाल कर दिया है।

करीम दाद जमा तफ़रीक़ और ज़रब तक़सीम से बिल्कुल बेनयाज़ था। सैंतालीस के हंगामे आए गुज़र गए। लोगों ने बैठ कर हिसाब लगाना शुरू किया कि कितना जानी नुक़सान हुआ है, कितना माली, मगर करीम दाद उससे बिल्कुल अलग-थलग रहा। उसको सिर्फ इतना मालूम था कि उसका बाप रहीम दाद उस जंग में काम आया है। उसकी लाश खुद करीम दाद ने अपने कंधों पर उठाई थी। एक कुंए के पास गढ़ा खोद कर दफ़नाई थी।

गांव में और भी कई वारदातें हुई थीं। सैंकड़ों जवान और बूढ़े क़त्ल हुए थे। कई लड़कियां ग़ायब हो गई थीं। कुछ की बहुत ही ज़ालिमाना

तरीके से बेआबरूई हुई थी। जिसके भी यह ज़ख़्म आए थे, रोता था, अपने फूटे नसीबों पर और दुश्मनों की बेरहमी पर। मगर करीम दाद की आंख से एक आंसू भी नहीं निकला। अपने बाप रहीम दाद की शहज़ोरी पर उसे नाज़ था। जब वो पच्चीस-तीस बरछों और कुल्हाड़ियों से मुसल्लह बलवाइयों का मुक़ाबला करते-करते दिढाल होकर गिर पड़ा था और करीम दाद को उसकी मौत की ख़बर मिली थी तो उसने उसकी रूह को मुख़ातिब कर के सिर्फ़ इतना कहा था: "यार तुमने यह ठीक न किया। मैने तुम से कहा था कि एक हथियार अपने पास ज़रूर रखा करो।"

और उसने रहीम दाद की लाश उठा कर कुंए के पास गढ़ा खोद कर दफ़ना दी थी और उसके पास खड़े होकर फ़ातिहा के तौर पर सिर्फ़ ये कुछ शब्द कहे थे, "गुनाह सवाब का हिसाब ख़ुदा जानता है। अच्छा तुझे बहिश्त नसीब हो।"

रहीम दाद जो न सिर्फ़ उसका बाप था बल्कि एक बहुत बड़ा दोस्त भी था बलवाइयों ने बड़ी बेदर्दी से क़त्ल किया था। लोग जब उसकी अफ़सोसनाक मौत का ज़िक्र करते थे तो क़ातिलों को गालियां देते थे, मगर करीम दाद ख़ामोश रहता था। उसकी कई खड़ी फ़सलें तबाह हो गई थीं। दो मकान जल कर राख हो गए थे। मगर उसने अपने इन नुक़्सानों का कभी हिसाब नहीं लगाया था। वो कभी-कभी सिर्फ़ इतना कहा करता था– "जो कुछ हुआ है हमारी अपनी ग़लती से हुआ है।" और जब कोई उससे इस ग़लती के बारे में सवाल करता तो वो ख़ामोश रहता।

गांव के लोग अभी शोक में थे कि करीम दाद ने शादी कर ली, उसी मटियार जैनां के साथ जिस पर एक अर्से से उसकी निगाह थी। जैना सोगवार थी। उसका शहतीर जैसा कड़ियल जवान भाई बलवों में मारा गया था। मां-बाप की मौत के बाद एक सिर्फ़ वही उसका सहारा था। इसमें कोई शक नहीं कि ज़ैना को करीम दाद से बेपनाह मुहब्बत थी। मगर भाई की मौत के ग़म ने यह मुहब्बत उसके दिल में स्याहपोश कर दी थी। अब हर वक़्त उसकी सदा मुस्कुराती आंखें नमनाक रहती थीं।

करीम दाद को रोने-धोने से बहुत चिड़ थी। वो जैनां को जब भी सोगज़दा हालत में देखता तो दिल ही दिल में बहुत कुढ़ता। मगर वो उससे इस बारे में कुछ कहता नहीं था, यह सोच कर कि औरत ज़ात है, मुम्किन है उसके दिल को और भी दुख पहुंचे। मगर एक दिन उससे न रहा गया। खेत में उसने जैनां को पकड़ लिया और कहा– "मुर्दों को कफ़नाए-दफ़नाए

पूरा एक साल हो गया है। अब तो वो भी सोग से घबरा गए होंगे– छोड़ मेरी जान! अभी ज़िन्दगी में जाने और कितनी मौतें देखनी हैं, कुछ आंसू तो अपनी आंखों में जमा रहने दें।''

जैनां को उसकी ये बातें बहुत नागवार मालूम हुई थीं। मगर वो उससे मुहब्बत करती थी। इसलिए अकेले में उसने कई घंटे सोच-सोच कर उसकी इन बातों में मानी पैदा किए और आख़िर खुद को यह समझने पर आमादा कर लिया कि करीम दाद जो कुछ कहता है, ठीक है–

शादी का सवाल आया तो बड़े-बूढ़ों ने विरोध किया। मगर यह विरोध बहुत ही कमज़ोर था। वो लोग सोग मना-मना कर इतने निर्बल हो गए थे कि ऐसे मामलों में सौ फ़ीसद कामयाब होने वाले विरोध पर भी ज़्यादा देर तक न जमे रह सके– चुनांचि करीमदाद का ब्याह हो गया। बाजे-गाजे आए, हर रस्म अदा हुई और करीमदाद अपनी महबूबा जैनां को दुल्हन बना कर घर ले आया।

दंगे के बाद क़रीब-क़रीब एक बरस से सारा गांव क़ब्रिस्तान सा बना था। जब करीमदाद की बात चली और खूब धूम धड़ाका हुआ तो गांव में कई आदमी सहम-सहम गए। उनको ऐसा महसूस हुआ कि यह करीम दाद की नहीं किसी भूत-प्रेत की बारात है। करीम दाद के दोस्तों ने जब उसको यह बात बताई तो वो खूब हंसा। हंसते-हंसते ही उसने एक रोज़ इसका ज़िक्र अपनी नई नवेली दुल्हन से किया तो वो डर के मारे कांप उठी।

करीम दाद ने जैनां की सोहे चौड़े वाली कलाई अपने हाथ में ली और कहाः यह भूत तो अब सारी उम्र तुम्हारे साथ चिमटा रहेगा– रहमान साईं की झाड़-फूंक भी उतार नहीं सकेगी।''

जैनां ने अपनी मेंहदी में रची हुई उंगली दांतों तले दबा कर और ज़रा शर्मा कर सिर्फ़ इतना कहाः ''कीमे! तुझे तो किसी से भी डर नहीं लगता।''

करीम दाद ने अपनी-अपनी हल्की-हल्की स्याही माइल भूरी मूंछों पर ज़बान की नोक फेरी और मुस्कुरा दियाः ''डर भी कोई लगने की चीज़ है।''

जैना का ग़म अब बहुत हद तक दूर हो चुका था। वो मां बनने वाली थी। करीम दाद उसकी जवानी का निखार देखता तो बहुत खुश होता और जैनां से कहताः ''खुदा की क़सम जैना, तू पहले कभी इतनी खूबसूरत नहीं थी। अगर तू इतनी खूबसूरत अपने होने वाले बेच्चे के लिए बनी है तो मेरी उससे लड़ाई हो जाएगी।''

यह सुन कर जैनां शर्मा कर अपना ठिलिया सा पेट चादर से छुपा लेती। करीमदाद हंसता और उसे छोड़ता: "छुपाती क्यों हो उस चोर को– मैं क्या जानता नहीं– कि ये सब बनाव-सिंघार सिर्फ तुमने उस सुअर के बच्चे के लिए किया है।"

जैनां एकदम संजीदा हो जाती: "क्यों गाली देते हो अपने को?"

करीम दाद की स्याही माइल भूरी मूंछें हंसी से थरथराने लगतीं: "करीम दाद बहुत बड़ा सुअर है।"

छोटी ईद आई। बड़ी ईद आई, करीम दाद ने ये दोनों त्योहार बड़े ठाठ से मनाये। बड़ी ईद से बारह रोज़ पहले उसके गांव पर दंगाइयों ने हमला किया था और उसका बाप रहीम दाद और ज़ैना का भाई फ़ज़ल इलाही क़त्ल हुए थे। ज़ैनां उन दोनों की मौत को याद कर के बहुत रोई थी, मगर करीम दाद के सदमों को याद न रखने वाली तबीयत की मौजूदगी में इतना ग़म न कर सकी जितना उसे अपनी बतीयत के मुताबिक़ करना चाहिए था।

जैनां कभी सोचती थी तो उसको बड़ा ताजुब होता था कि वो इतनी जल्दी अपना ज़िन्दगी का इतना बड़ा सदमा कैसे भूलती जा रही है। मां-बाप की मौत उसको बिल्कुल याद नहीं थी। फ़ज़ल इलाही उससे छः साल बड़ा था। वही उसका बाप था, वही उसकी मां और वही उसका भाई, जैनां अच्छी तरह जानती थी कि सिर्फ़ उसी की ख़ातिर उसने शादी नहीं की। और ये तो सारे गांव को मालूम होता था कि जैना ही की 'इस्मत' बचाने के लिए उसने अपनी जान दी थी। उसकी मौत जैनां की ज़िन्दगी का यक़ीनन बहुत बड़ा हादसा था। एक क़यामत थी जो बड़ी ईद से ठीक बारह दिन पहले उस पर यकायक टूट पड़ी थी। अब वो उसके बारे में सोचती थी तो उसको बड़ी हैरत होती थी कि वो उसके प्रभावों से कितनी दूर होती जा रही है।

मुहर्रम क़रीब आया तो जैनां ने करीम दाद से अपनी पहली फ़र्माइश का इज़हार किया उसे घोड़ा और ताज़िये देखने का बहुत शौक़ था। अपनी सहेलियों से वो इनके मुतल्लिक़ बहुत कुछ सुन चकी थी। चुनांचि उसने करीम दाद से कहा: "मैं ठीक हुई तो ले चलोगे मुझे घोड़ा दिखाने?"

करीम दाद ने मुस्कुरा कर जवाब दिया: "तुम ठीक न भी हुईं तो भी ले चलूंगा... इस सुअर के बच्चे को भी।"

जैना को ये गाली बहुत ही बुरी लगी थी; चुनांचि वो अक्सर बिगड़ जाती थी। मगर करीम दाद की गुफ़्तुगू का अंदाज़ कुछ ऐसा पुरख़ुलूस था

कि जैना की तलख़ी फ़ौरन ही यकायक नाक़ाबिले बयान मिठास में तब्दील हो जाती थी और वो सोचती कि सुअर के बच्चे में कितना प्यार कूट-कूट के भरा हुआ है।

हिन्दुस्तान और पाकिस्तान की जंग की अफ़्वाहें एक अर्से से उड़ रही थीं। असल में तो पाकिस्तान की जंग होगी, और ज़रूर होगी। कब होगी इसके मुतल्लिक़ गांव में किसी को मालूम नहीं था। करीम दाद से जब कोई इसके मुतल्लिक़ सवाल करता तो वो मुख़्तसर सा जवाब देता: जब होनी होगी, हो जाएगी। फ़िज़ूल सोचने से क्या फायदा।"

जैनां जब इस होने वाली लड़ाई-भिड़ाई के मुतल्लिक़ सुनती तो उसके औसान ख़ता हो जाते थे। वो बहुत ही अमनपसंद थी। मामूली तू तू, मैं मैं से भी सख़्त घबराती थी। इसके इलावा पिछले बल्वों में उसने कई कश्तो-ख़ून देखे थे। और उन्ही में इनका प्यारा भाई फ़ज़्ल इलाही काम आया था। बेहद सहम कर वो करीम दाद से सिर्फ़ इतना कहती: "कीमे! क्या होगा?"

क़रीम दाद मुस्कुरा देता: "मुझे क्या मालूम। लड़का होगा या लड़की।"

यह सुन कर जैनां बहुत जच-बच होती मगर फ़ौरन ही करीम दाद की दूसरी बातों में लग कर होने वाली जंग के मुतल्लिक़ सब कुछ भूल जाती। करीम दाद ताक़तवर था, निडर था, जैनां से उसको बेहद मुहब्बत थी। बंदूक़ ख़रीदने के वो थोड़े ही अर्से में निशाने का बहुत पक्का हो गया था। ये सब बातें जैनां को हौसला दिलाती थीं। मगर इसके बावजूद 'तिरंजनों' में जब वो अपनी किसी ख़ौफ़ज़दा हमजोली से जंग के बारे में गांव के आदमियों की उड़ाई होलनाक अफ़्वाहें सुनती तो एकदम सन सी हो जाती।

बख़्तो दाई जो हर रोज़ जैनां को देखने आती थी, एक दिन यह ख़बर लाई कि हिन्दुस्तान वाले दर्या बन्द करने वाले हैं। जैनां इसका मतलब न समझी। वज़ाहत के लिए उसने बख़्तो दाई से पूछा: "दर्या बन्द करने वाले हैं? ये कौन से दर्या बन्द करने वाले हैं।"

बख़्तो दाई ने जवाब दिया: "वो जो हमारे खेतों को पानी देते हैं।"

जैना ने कुछ देर सोचा और हंस कर कहा: "मौसी क्या तुम भी पागलों की सी बातें करती हो। दर्या कौन बन्द कर सकता है। वो भी कोई मोरियां हैं।

बख़्तो ने जैनां के पेट पर हौले-हौले मालिश करते हुए कहा: बीबी। मुझे मालूम नहीं। जो कुछ मैने सुना तुम्हें बता दिया। ये बात तो अब

अख़बारों में भी आ गई है।''

''कौन सी बात?'' जैनां को यक़ीन नहीं आता था।

बख़्तो ने अपने झुर्रियों वाले हाथ से जैनां का पेट टटोलते हुए कहा: ''यही दर्या बन्द करने वाली, फिर उसने जैनां के पेट पर उसकी कमीज़ खींची और उठ कर बड़े माहिराना अंदाज़ में कहा, ''अल्लाह ख़ैर रखे तो बच्चा आज से पूरे दस रोज़ बाद हो जाना चाहिए।''

करीम दाद घर आया तो सब से पहले जैनां ने उससे दर्याओं के मुतल्लिक़ पूछा। उसने पहले बात टालनी चाही। लेकिन जब जैनां ने कई बार अपना सवाल दुहराया तो करीम दाद ने कहा: हां कुछ ऐसा ही सुना है।''

जैनां ने पूछा: ''क्या?''

''यही कि हिन्दुस्तान वाले हमारे दर्या बंद कर देंगे।''

''क्यों?''

करीम दाद इस बार कुछ देर के बाद मुस्कुराया। ''हटाओ इसको। यह बताओ मौसी बख़्तो आई थी?''

जैनां ने बेदिली से जवाब दिया– ''आई थी।''

''क्या कहती थी?''

''कहती थी आज से पूरे दस रोज़ के बाद बच्चा हो जायेगा।''

करीम दाद ने ज़ोर का नारा लगाया: ''ज़िन्दाबाद!''

जैनां ने इसे पसंद न किया और बड़बड़ाई: तुम्हें खुशी सूझती है, जाने यहां कैसी 'करबला' आने वाली है।''

करीम दाद चौपाल चला गया। वहां क़रीब-क़रीब सब मर्द जमा थे, चौधरी नत्थू को घेरे। उससे दर्या बंद करने वाली ख़बर के मुतल्लिक़ बातें पूछ रहे थे। कोई पंडित नेहरू को पेट भर के गालियां दे रहा था, कोई बददुआएं मांग रहा था। कोई यह मानने से ही यक्सर मुंकर था कि दर्याओं का रूख़ बदला जा सकता है।

कुछ ऐसे भी थे जिनका यह ख़्याल था कि जो कुछ होने वाला है वो हमारे गुनाहों की सज़ा है उसे टालने के लिए सब से बेहतर तरीक़ा यही है कि मिलकर मस्जिद में दुआ मांगी जाए।

करीम दाद एक कोने में ख़ामोश बैठा सुनता रहा। हिन्दुस्तान वालों को गालियां देने में चौधरी नत्थू सब से पेश-पेश था। करीम दाद कुछ इस तरह बार-बार अपनी जगह बदल रहा था जैसे उसे बहुत कोफ़्त हो रही है। सब

एक ज़बान होकर यह कह रहे थे कि दर्या बन्द करना बहुत ही ओछा हथियार है। इन्तेहाई कमीनापन है। ज़लालत है, अज़ीम तरीन ज़ुल्म है। बदतरीन गुनाह है। यज़ीद पन है।

करीम दाद दो–तीन मर्तबा इस तरह खांसा जैसे वो कुछ कहने के लिए ख़ुद को तैयार कर रहा है। चौधरी नत्थो के मूंह से जब एक और लहर मोटी–मोटी गालियों की उठी तो करीम दाद चीख़ पड़ा: "गाली न दे चौधरी किसी को।"

मां की एक बहुत बड़ी गाली चौधरी नत्थो के हलक़ में फंसी रह गई। उसने पलट कर एक अजीब अंदाज़ से करीम दाद की तरफ़ देखा जो सर पर अपना साफ़ा ठीक कर रहा था। "क्या कहा?"

करीम दाद ने धीरे मगर मज़बूत आवाज़ में कहा: "मैने कहा गाली न दे किसी को" हलक़ में फंसी हुई मां की गाली बड़े ज़ोर से बाहर निकाल कर चौधरी नत्थो ने बड़े तीखे लहजे में करीमदाद से कहा: "किसी को। क्या लगते हैं, वो तुम्हारे?" इसके बाद वो चौपाल में जमाशुदा आदमियों से मुख़ातिब हुआ: "सुना तुम लोगों ने... कहता है गाली न दो किसी को– पूछो इससे वो क्या लगते हैं इसके।" करीम दाद ने बड़े तहम्मुल से जवाब दिया: "मेरे दुश्मन लगते हैं।"

चौधरी के हलक़ से फटा–फटा सा क़हक़हा बुलंद हुआ। इतने ज़ोर से कि उसकी मूंछों के बाल बिखर गए: "सुना तुम लोगों ने। दुश्मान लगते हैं। और दुश्मन को प्यार करना चाहिए। क्यों बरखुर्दार?"

करीम दाद ने बड़े बरख़ुर्दाना अंदाज़ में जवाब दिया: "नहीं चौधरी। मैं यह नहीं कहता कि प्यार करना चाहिए। मैने सिर्फ़ ये कहा है कि गाली नहीं देनी चाहिए।"

करीम दाद के साथ ही उसका लंगोटिया दोस्त मीरां बख़्श बैठा था। उसने पूछ: "क्यों?"

करीम दाद सिर्फ़ मीरां बख़्श से मुख़ातिब हुआ: "क्या फ़ायदा है यार– वो पानी बन्द कर के तुम्हारी ज़मीनें बंजर बनाना चाहते हैं, और तुम उन्हें गाली देकर ये समझते हो कि हिसाब चुकता हुआ। ये कहां की अक़्लमंदी है। गाली तो उस वक़्त दी जाती है, जब और कोई जवाब पास न हो।"

मीरां बख़्श ने पूछा: "तुम्हारे पास कोई जवाब है?"

करीम दाद ने थोड़ी देर ठहर कर कहा: "सवाल मेरा नहीं, हज़ारों और

लाखों आदमियों का है। अकेला मेरा जवाब सब का जवाब नहीं हो सकता– ऐसे मामलों में सोच समझ कर ही कोई पुख़्ता जवाब तैयार किया जा सकता है– वो एक दिन में दर्याओं का रुख़ नहीं बदल सकते। कई साल लगेंगे। लेकिन यहां तो तुम गालियां दे कर एक मिनट में अपनी भड़ास निकाल बाहर कर रहे हो।'' फिर उसने मीरां बख़्श के कंधे पर हाथ रखा और बड़े खुलूस के साथ कहा: ''मैं तो इतना नहीं जानता हूं यार कि हिन्दुस्तान को कमीना, रज़ील और ज़ालिम कहना भी तो ग़लत है।''

मीरां बख़्श के बजाये चौधरी नत्थो चिल्लाया: ''लो और सुनो!''

करीम दाद मीरां बख़्श से ही मुख़ातिब रहा: दुश्मन से मेरे भाई। रहमो-करम की तवक़्क़ो रखना बेवक़ूफ़ी है। लड़ाई शुरू हो और ये रोना रोया जाये कि दुश्मन बड़े बोर की रैफ़लें इस्तेमाल कर रहा है। हम छोटे बम गिराते हैं। वो बड़े गिराता है। तुम अपने ईमान से कहो यह शिकायत भी कोई शिकायत है। छोटा चाक़ू भी मारने के लिए इस्तेमाल होता है और बड़ा चाक़ू भी। क्या मैं झूठ कहता हूं?''

मीरां बख़्श की बजाये चौधरी नत्थो ने सोचना शुरू किया। मगर फौरन ही झुंझला गया:

''लेकिन सवाल ये है कि वो पानी बन्द कर रहे हैं– हमें भूखा और प्यासा मारना चाहते हैं।''

करीम दाद ने मीरां बख़्श के कंधे से अपना हाथ हटाया और चौधरी नत्थो से मुख़ातिब हुआ: ''चौधरी साहब! जब किसी को दुश्मन कह दिया तो फिर यह गिला कैसा कि वो भूखा-प्यासा मारना चाहता है। वो तुम्हें भूखा प्यासा नहीं मारेगा, तुम्हारी हरी-भरी ज़मीने वीरान और बंजर बनाएगा तो क्या वो तुम्हारे लिए पुलाव की देगें और शरबत के मटके वहां से भेजेगा? तुम्हारी सैरो-तफ़रीह के लिए बाग़-बग़ीचे लगायेगा?''

चौधरी नत्थो भिन्ना गया: ''ये तू क्या बकवास कर रहा है?''

मीरां बख़्श ने भी हौले से करीम दाद से पूछा: ''हां यार, ये क्या बकवास है?''

''बकवास नहीं है मीरां बख़्श!'' करीम दाद ने समझाने के अंदाज़ में मीरां बख़्श से कहा: ''तू ज़रा सोच तो सही कि लड़ाई में दोनों फ़रीक़ एक दूसरे को पछाड़ने के लिए क्या कुछ नहीं करते, पहलवान जब लंगर-लंगोट कस के अखाड़े में उतर आए तो उसे हर दाव इस्तेमाल करने का हक़ होता है।''

मीरां बख़्श ने अपना घटा हुआ सर हिलायाः "ये तो ठीक है।"

करीम दाद मुस्कुरायाः "तो फिर दर्या बन्द करना भी ठीक है। हमारे लिए यह ज़ुल्म है, मगर उनके लिए अच्छा है।"

अच्छा क्या है– जब तेरी जीभ प्यास के मारे लटक कर ज़मीन तक आ जायेगी तो मैं फिर पूछूंगा कि ज़ुल्म अच्छा है या ख़राब– जब तेरे बाल-बच्चे अनाज के एक-एक दाने को तरसेंगे तो फिर भी यही कहना कि दर्या बन्द करना बिल्कुल ठीक था।"

करीम दाद ने अपने ख़ुश्क होंठों पर ज़बान फेरी और कहाः "मैं जब भी यह कहूंगा चौधरी... तुम यह क्यों भूल जाते हो कि सिर्फ़ वो हमारा दुश्मन नहीं है। क्या हम उसके दुश्मन नहीं। अगर हमारे अख़्तियार में होता, तो हमने भी उसका दाना-पानी बन्द किया होता... लेकिन अब कि वो कर सकता है, और करने वाला है तो हम ज़रूर इसका तोड़ सोचेंगे... बेकार गालियां देने से क्या होता है... दुश्मन तुम्हारे लिए दूध की नहरें जारी नहीं करेगा चौधरी नत्थो– उससे अगर हो सका तो वो तुम्हारे पानी की हर बूंद में ज़हर मिला देगा, तुम इसे ज़ुल्म कहोगे, वहशियानापन कहोगे, इसलिए कि मारने का यह तरीक़ा तुम्हें पसंद नहीं... अजीब-सी बात है कि लड़ाई शुरू करने से पहले दुश्मन से निकाह की शर्तें बंधवाई जाएं– उससे कहा जाये कि देखो मुझे भूखा-प्यासा न मारना, बंदूक़ से, और वो भी इतने बोर की बंदूक़ से। अलबत्ता तुम मुझे शौक़ से हलाक कर सकते हो। असल बकवास तो ये है– ज़रा ठण्डे दिल से सोचो।"

चौधरी नत्थो झुंझलाहट की आख़री हद तक पहुंच गयाः "बर्फ़ ला के रख मेरे दिल पर।"

"ये भी मैं ही लाऊं?" यह कह कर करीम दाद हंसा। मीरां बख़्श के कंधे पर थपकी देकर उठा और चौपाल से चला गया।

घर की ड्योढ़ी में दाख़िल हो ही रहा था कि अन्दर से बख़्तो दाई बाहर निकली। करीम दाद को देख कर उसके होंठों पर पोपली मुस्कुराहट पैदा हुई।

"मुबारक हो कीमे! चांद-सा बेटा हुआ है, अब कोई अच्छा सा नाम सोच इसका?"

"नाम!" करीम दाद ने एक क्षण के लिए सोचा। "यज़ीद– यज़ीद।"

बख़्तो दाई का मुंह हैरत से खुले का खुला रह गया। करीम दाद नारे लगाता अन्दर घर में दाख़िल हुआ। जैनां चारपाई पर लेटी थी। पहले से

किसी क़द्र ज़र्द। इसके पहलू में एक गुलगोथना सा बच्चा चपड़-चपड़ अपना अंगूठा चूस रहा था। करीम दाद ने उसकी तरफ़ प्यार भरी फख़रिया नज़रों से देखा और उसके एक गाल को उंगली से छेड़ते हुए कहा: "ओए मेरे यज़ीद।"

जैनां के मुंह से हल्की-सी हैरत की चीख़ निकली– "यज़ीद।"

करीम दाद मुस्कुराया: "क्या है इसमें नाम ही तो है।"

जैना सिर्फ़ इतना कह सकी: "मगर किसका नाम?"

करीम दाद ने संजीदगी से जवाब दिया: "ज़रूरी नहीं कि ये भी वही यज़ीद हो– उसने दर्या का पानी बन्द किया था– ये खोलेगा।"